10代からの
子育てハッピー
アドバイス

スクールカウンセラー・医者
明橋大二 著

イラスト✽太田知子

1万年堂出版

はじめに

平成十八年十月、北海道滝川市《たきかわし》のいじめ自殺の報道が出て以来、各地で、いじめ自殺が相次ぎました。新聞で報道されただけでも、八人の尊い命が、いじめによって失われました。

その後、自殺予告の手紙が、文部科学大臣に送られたり、小学校で自殺予告のメモが発見され、学校、保護者は、厳戒態勢《げんかいたいせい》になったりと、いろいろなところに、飛び火しました。

自殺予告の手紙などが続くと、子どもがおもしろがって、調子に乗って、と、否定的に見る人も少なくないようですが、私はそうは思いません。それほど、いっぱいいっぱいで、

死の一歩手前で生きている子どもが多い、そういう子どもが、たまたま自分の気持ちの表現手段を得ただけではないかと思います。

文部科学大臣は、そういう手紙が次々届くことに驚《おどろ》いて、緊急声明《きんきゅうせいめい》を出しましたが、いじめの被害《ひがい》は、今に始まったことではありません。文科省の統計では、近年、どんどん減っていたことになっていますが、実態は全然そんなことはない、一九八〇年代、九〇年代と何ら変わらない状況《じょうきょう》が続いていたのです。

いじめに限らず、診察室《しんさつしつ》や、スクールカウンセラーで、子どもたちの話を聞いていると、今の日本の10代の子たちが生きている現実と、われわれ大人が信《しん》じ込《こ》んでいることとの、あまりのギャップに驚《おどろ》くことが少なくありません。

その誤解の上に、さらに、「今の子どもは自己中心的だ」「忍耐力《にんたいりょく》がない」「ひ弱だ」という否定的な言葉が繰《く》り返《かえ》されているのが現状ではないでしょうか。

しかし、よくよく子どもたちの話を聞いてみると、何の理由もなしに、そうなっているのではない、というのがわかります。

「荒《あ》れる」のは、それだけ、鬱屈《うっくつ》した感情があるからですし、

「引きこもる」のは、そうでもしないとどんどん傷つく現実があるからです。

「ウソをつく」のは、本当のことを言ったら、

よけいひどい目にあうからですし、

「やる気がない」のは、やる気で意見を言っても

必ず否定されてきたからです。

そんな中、よく今まで生きてきたね、と

声をかけたくなることも少なくありません。

そんな、誤解と否定の中で、追《お》い詰《つ》められた**子どものＳＯＳ**が、心身症《しんしんしょう》であったり、キレる言動であったりするわけで、その最後に行き着くところが、自殺なのだと思います。

そういう意味では、**決して特別な子だけの問題ではない、どんな子どもにも起こりうることなのだと思います。**

10代というのは、子どもじみているかと思えば、どきっとするくらい大人びている、素直かと思えば、ものすごく反抗《はんこう》する、そんな揺《ゆ》れ動《うご》く年ごろです。

そんな中で、**子どもの心を見失わないために、**いったい私たちに何ができるのか。

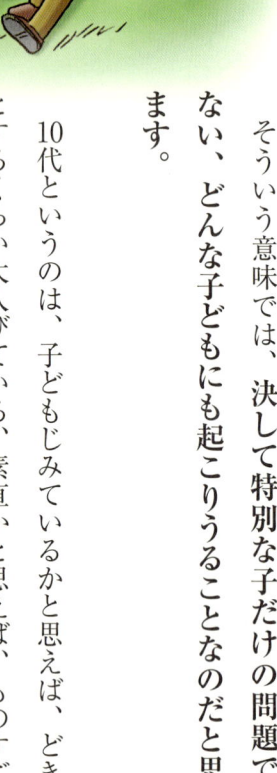

子どもが心身症《しんしんしょう》や、非行に走らないために、ふだんから何ができるのか。
また、そうなってしまったら、どう対応したらよいのか。
そして、若くして、尊い命を絶《た》つ人を、一人でも少なくするために、われわれ大人社会ができることは何なのか。

この時代に、10代という、困難な年ごろを生きていく子どもたちの、そしてそれを支える大人たちの、ささやかなヒントになれば幸いです。

平成十九年二月

明橋《あけはし》 大二《だいじ》

10代からの子育てハッピーアドバイス ♥もくじ♥

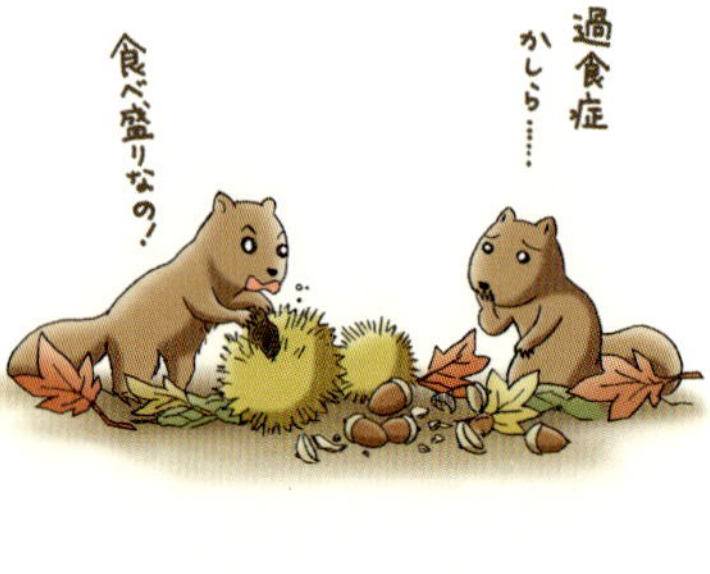

過食症かしら……
食べ盛りなの!

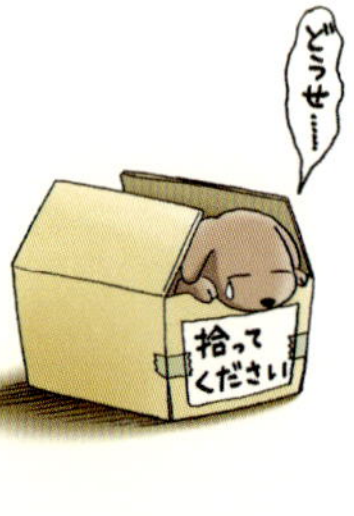

どうせ……
拾ってください

もくじ

どーせ話したってさー
お母さんには話したの？

犯人はだれだ！

もくじ

うん
うん
あのねー

わっ♪

わあい！

むにゃむにゃ
もう食べられ
ないよ……

んっもーー!!
うちでは いっつも
ワタシがいちばん
最後なのよねーー

もくじ

読者の皆さんから寄せられた質問にお答えします

Q1 「子どもを信じることが大切だ」といわれますが、理解できない言動が多く、どうすればいいかわかりません —— 128

♥「何の理由もなしに、この子がこんなことをするはずがない」と信じる

Q2 どうして、死んではいけないの？ —— 132

♥あなたが死んだとき、最もつらい思いをするのは、あなたをいじめた人ではなく、あなたの親です。死ぬ以外にも、必ず解決の方法はあります

Q3 早く死んで楽になりたいと思うのですが、こういう考え方はよくないのでしょうか —— 136

♥「死んだら楽になる」と言う人がありますが、もし本当にそうなら、自殺をする人のほうが賢いことになってしまいます。そんなことはありえません

Q4 死んでリセットすれば、また最初からやり直せるのでしょうか —— 146

金、くれ

もくじ

1

10代の子どもに接する10カ条

(1) 子どもを大人の力で変えようという思いは捨てて、肩《かた》の力を抜《ぬ》こう。

(2) 「どうして○○しないのか」という子どもへの不平不満を捨てよう。

(3) 今、現にある子どものよさ、子どもなりのがんばりを認めよう。

(4)子どもへの、指示、命令、干渉《かんしょう》をやめよう。

(5)子どもから、話をしてきたときは、忙《いそが》しくても、しっかり聞こう。

(6)子どもとの約束は守ろう。

(7)子どもに本当に悪いことをしたときは、率直に謝《あやま》ろう。

(8)威嚇《いかく》や暴言、体罰《たいばつ》で、子どもを動かそうという思いを捨てよう。

(9)本当に心配なことは、きちんと向き合って、しっかり注意しよう。

(10)子どもに、なるべく、「ありがとう」と言おう。

※どうしてこれらが大切なのか、次章から少しずつ説明したいと思います。

2

見《み》逃《のが》さないで、子どもの心の〝SOS〟

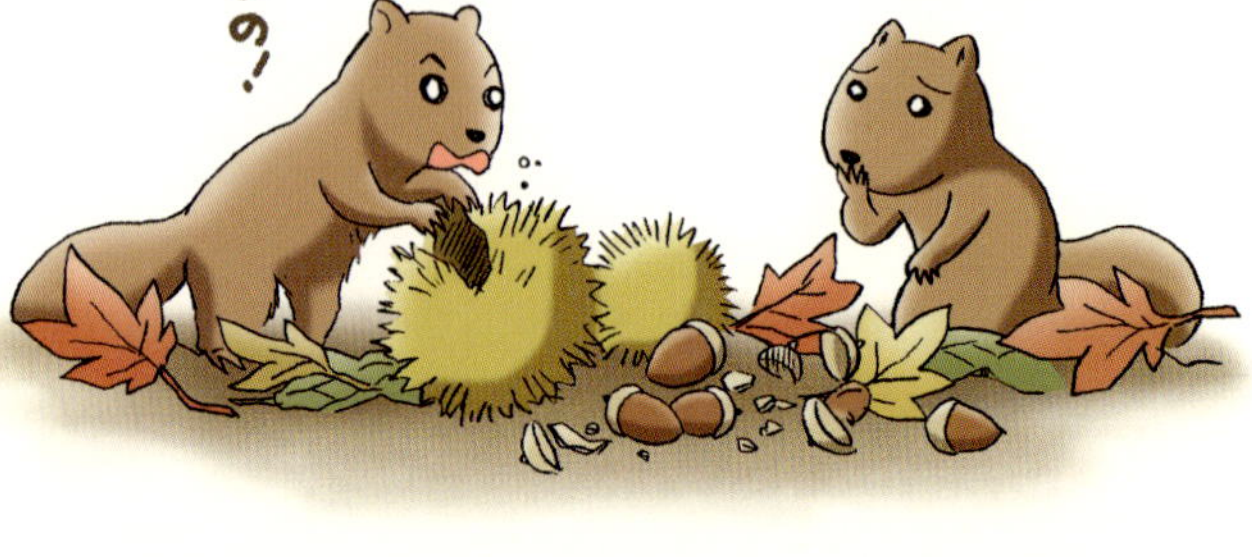
過食症かしら……
食べ盛りなの！

子どもはストレスを、言葉で表現することができません
おまえの家ってどこの養豚場？
あはははは
なんだよもーっ
つらい状況《じょうきょう》になっても、ひたすら、がまんしていたり、耐《た》えたりしています。
そういう意味では、案外子どもって柔軟性《じゅうなんせい》があると思います
キレる
とにかくよく風邪を引く
しかしストレスが、ある限度を超《こ》してしまうと、行動となって出てきたり、心身症《しんしんしょう》の症状《しょうじょう》になったりして出てきます。
それを、「心のSOS」といいます
不登校
また？
学校休む
おなか痛い
過呼吸
はあ
はあ
はあ
はあ
はあ
はあ
はあ
ペットいじめ
ジャー!!
しゅぼっ
円形脱毛症
万引き
すっ
黒板の字だけが見えない
ごしっ

病院に連れていって
いろいろ検査を受けさせると
特に異常はありません。精神的なものです
ほうっておいたらそのうち治ります
実際こういう症状《しょうじょう》はしばらくほうっておいたら治る場合が多いです
だけど、それは本当に治ったのだったらいいのですが、
そうとは限らない――
ただ子どもがあきらめただけという場合もあるんです
「こういう症状《しょうじょう》を出したけれど、どうせだれもわかってくれない」
と、子どもは無意識に知ってしまうのです

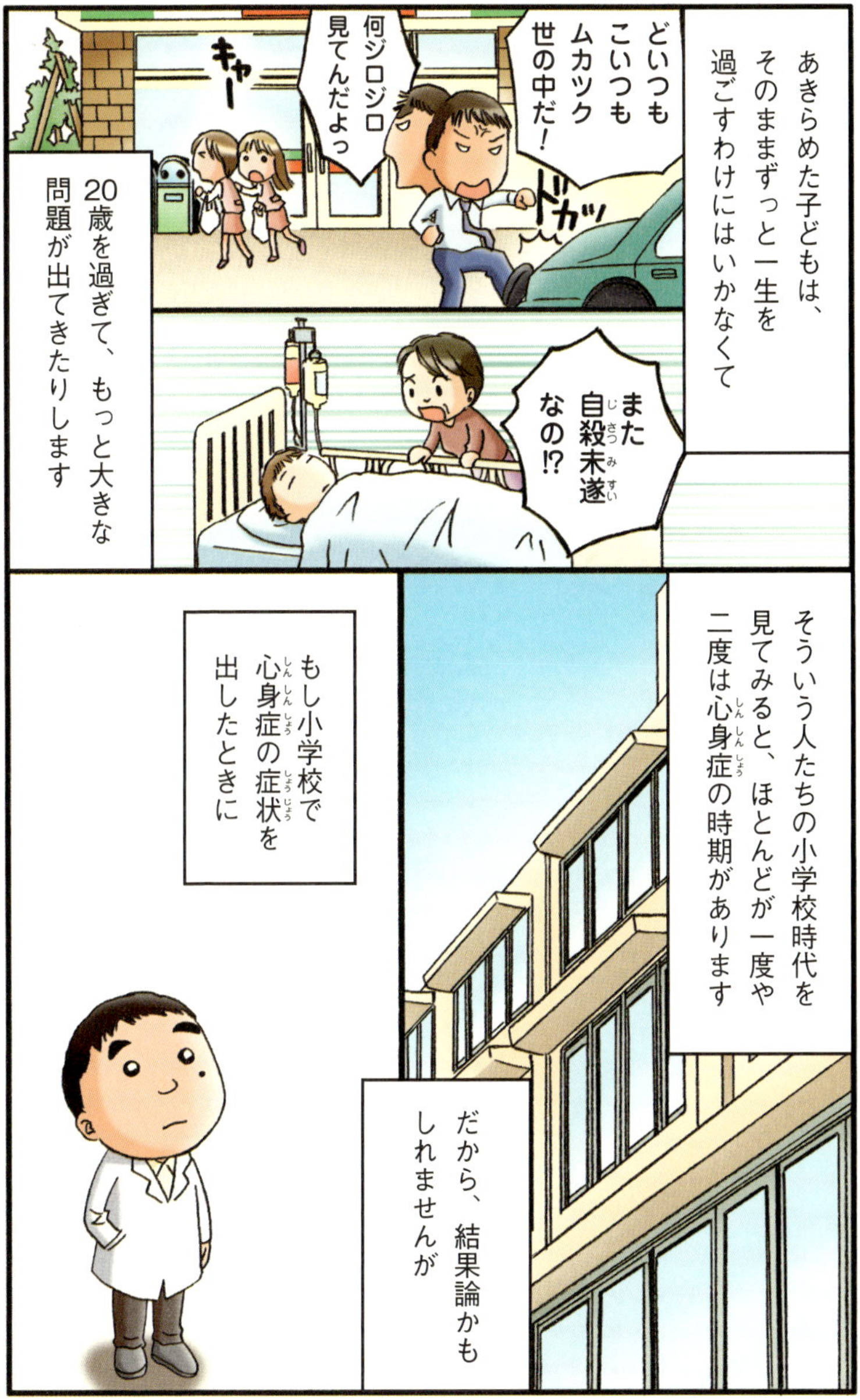
あきらめた子どもは、そのままずっと一生を過ごすわけにはいかなくて
どいつもこいつもムカツク世の中だ！
ドガッ
何ジロジロ見てんだよっ
キャー
また自殺未遂《じさつみすい》なの!?
20歳を過ぎて、もっと大きな問題が出てきたりします
そういう人たちの小学校時代を見てみると、ほとんどが一度や二度は心身症《しんしんしょう》の時期があります
だから、結果論かもしれませんが
もし小学校で心身症《しんしんしょう》の症状《しょうじょう》を出したときに

大人が、なんでこの子は
こういうことになっているのかと
真剣《しんけん》に考えて、
その理由を見つけて
きちっと対処していたならば
その子の人生はずいぶん
変わっていたのではないか、
と思うことが少なくありません
現実に、小学生の心身症《しんしんしょう》を
治療《ちりょう》していますと
20代の人だと
数年かかる変化が、
小学生だと1年で起きる、と
いうことがあります

実際には、
小学生のうちに気づくことは
難しいこともあるのですが、
中学生や高校生に
なってからででも
なるべく早期に気づいて、
早期に対処する、
ということは、
心の場合にも
大切なことなのです

3

子どもの心配な行動や症《しょう》状《じょう》の根っこにあるのは「自己評価の低さ」

子育てに、いちばん大切な〝自己評価〟とは

子どもの心を育てるうえで、いちばん大切なのは何でしょう。

しつけも大事、勉強も大事、しかし、いちばん大切なものは、**自己評価（自己肯定感《じここうていかん》、自尊感情）**といわれるものを、育《はぐ》むことです。

自己評価とは、

「自分は生きている価値がある」

「大切な存在だ」

「必要な人間だ」

という気持ちをいいます。

10代になって、いろいろと心配な行動や症状《しょうじょう》を出してくる子どもの話を、じっくり聞いていると、最後に必ず、出てくるのは、この自己評価の低さです。

高校3年から、突然《とつぜん》、家庭内暴力を振《ふ》るいだした男の子は、

「おれはクズ人間、おれは、ゴミ人間」

と泣きながら、家具を壊《こわ》し続《つづ》けました。

高校2年で、一切食事を取らなくなり、拒食症《きょしょくしょう》を発症《はっしょう》した女の子は、

「私はだれかにとって、大きな存在、大切な存在、必要な存在、そんな人間ではないんだ。そんな人間にはなれないいんだ。どうでもいい存在。いらない人間なんだよ」

と書きました。

14歳で非行に走った少女は、

「どうせ私なんか、生きてる意味ないし」

と、何もかも嫌《いや》になって、家を飛び出したこと、しかし友達のお母さんの優しさに触《ふ》れて、初めて、こんな自分でも、生きてていいのかな、と思えて涙《なみだ》が止まらなかったと語っています。


これほど、心の土台と言ってもいいくらい大切な自己評価ですが、日本では、まだまだその大切さが認識されていないようです。平成14年5月、日本の高校生の自己肯定感《じこうていかん》を、アメリカ、中国の高校生と比較《ひかく》した調査結果が発表されました。

(1)「自分はダメな人間だと思うことがある」と答えた子どもの割合

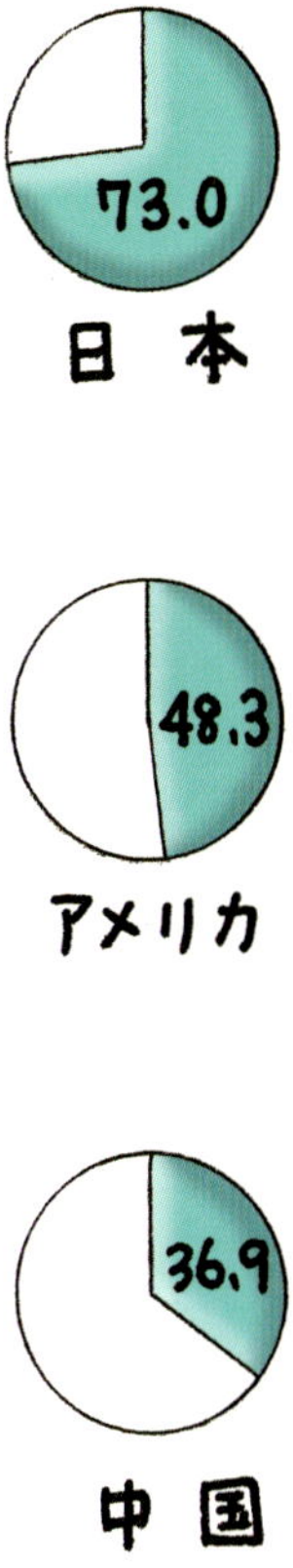

(2)「自分にはあまり誇《ほこ》りに思えるようなことはない」と答えた子どもの割合

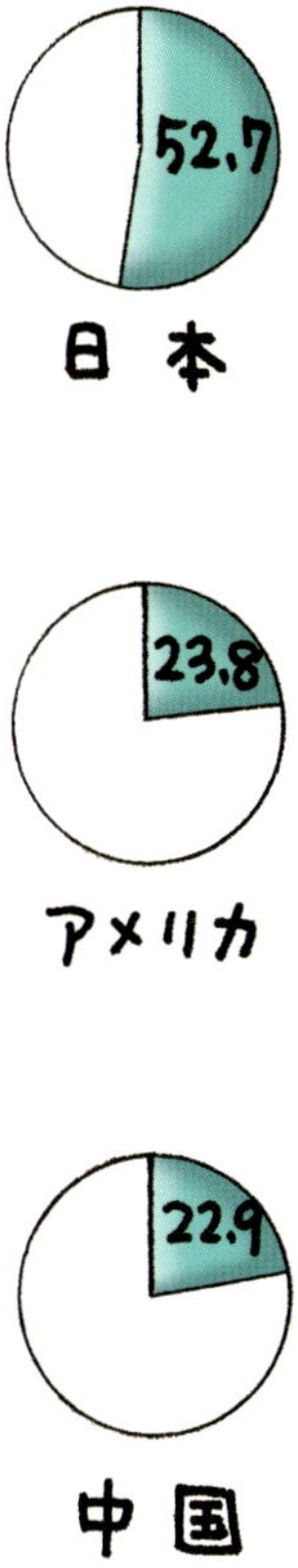

「高校生の未来意識に関する調査」日本青少年研究所
（「よく当てはまる」「まあ当てはまる」を合わせた数字）

もちろん、国民性の違《ちが》いや文化の違《ちが》いはあるでしょうが、それにしても、日本の子どもたちの自己評価の低さは、どの調査を見ても突出《とっしゅつ》しています。

これからの日本の子育て、教育は、子どもたちの自己評価を、いかに育《はぐ》んでいくか、これ一つに焦点《しょうてん》を合わせて、考えられるべきだと思っています。

4

甘《あま》えない人が自立するのではなく、甘《あま》えた人が自立するのです

子どもの自己評価を育《はぐく》むために、大人が心がけるべきこと

子どもの自己評価を育《はぐ》むために、私たちが、心がけるべきことは、どんなことでしょう。

その前に、知っておかなければならないことは、子どもの心はどのように成長するか、です。

子どもの心は、依存《いぞん》と自立を繰《く》り返《かえ》して大きくなる、といわれます。依存《いぞん》というのは、言葉を換《か》えると「甘《あま》え」です。自立というのは、言葉を換《か》えると「反抗《はんこう》」です。甘《あま》えているときは、素直ですから、従順といえます。ところが、反抗《はんこう》は、時には、大人への批判や、攻撃《こうげき》、という形をとることもあります。

この二つを行ったり来たりしながら、大きくなるのが、子どもの心です。

ここで大切なのは、まず、この依存《いぞん》と自立の行ったり来たりが、子どものペースでなければならない、ということ

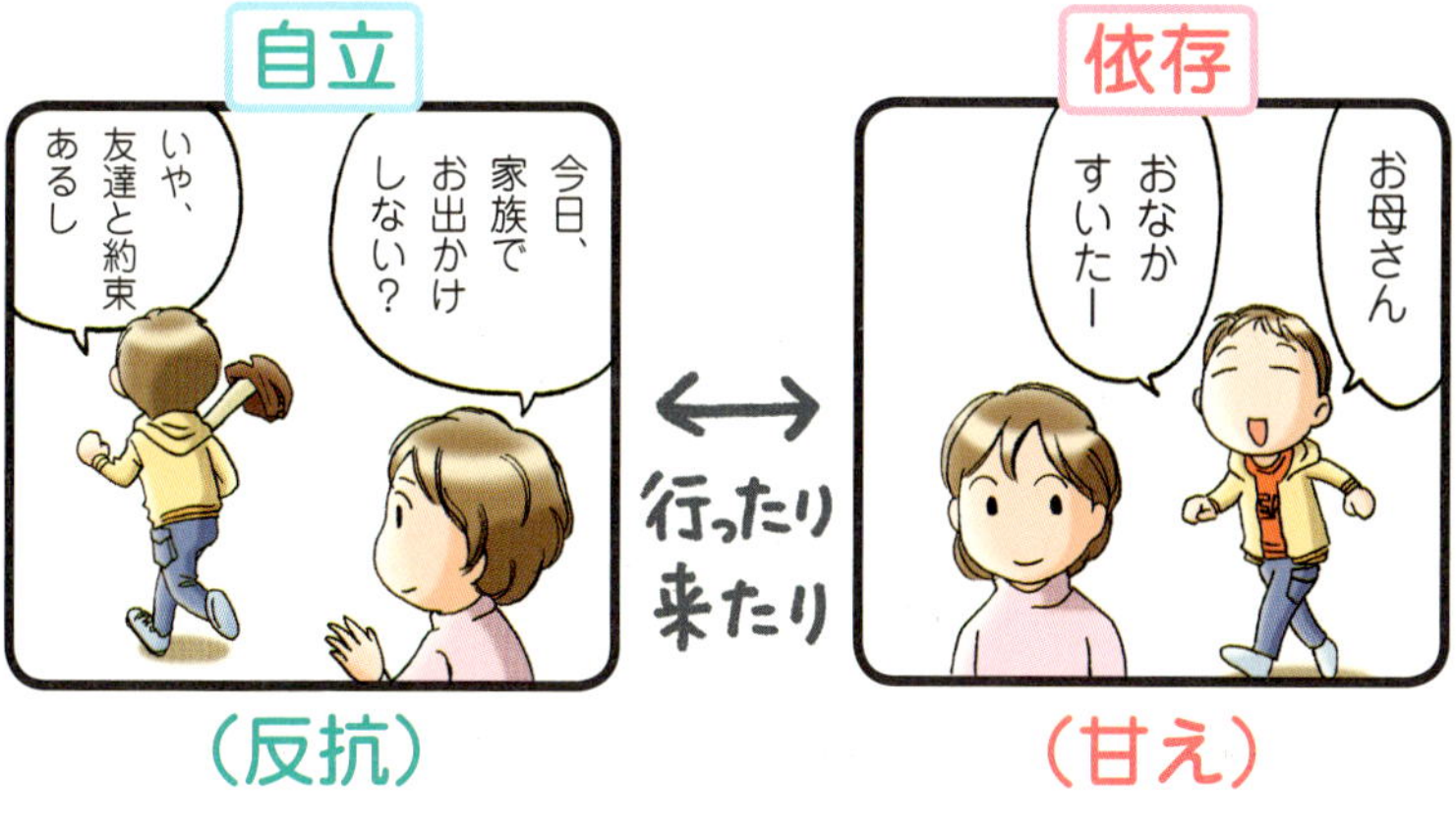

です。子どもが頼《たよ》ってきたら、助けてやる。「自分でやる」と言ったら、やらせてみる。大人の都合で、突《つ》き放《はな》したり、かまいすぎたりしない、ということです。

よく、自立した子どもに育てるにはどうしたらよいかと聞かれます。自立の反対は、甘《あま》えですから、甘《あま》えさせないことが自立させることだ、といわれます。だから、甘《あま》えはダメだ、甘《あま》やかしてるからいつまでたっても自立できないんだ、といいます。

しかし、自立の基《もと》になるのは、意欲です。意欲の基《もと》になるのは、安心感です。安心感は、どこからくるかというと、じゅうぶんに甘《あま》えさせてもらった、そこからもらった安心感が土台になっているのです。ですから、**甘《あま》えない人が自立するのではなく、甘《あま》えた人が自立するのです。**

実際、10代から20代になって、自立につまずく人を見て

× 突き放す

いつまでも甘《あま》やかしているからうちの子は自立しないんだわ
お母さーん、自転車パンクしちゃったよー どうすればいいの?
お母さんを頼《たよ》らないで自分で何とかしなさい!
びしっ
しゅん……

みると、小さいとき、甘《あま》えていいときに、じゅうぶん甘《あま》えることができなかった、という子が少なくありません。それは、必ずしも、親の愛情不足ということではなく、さまざまな事情から甘《あま》えたくても甘《あま》えることができなかった、ということが多いです。

このように、**甘《あま》えてきたときに、それをちゃんと受け止める。自立しようとするときに、手を出しすぎず、後ろから応援《おうえん》する。子どものペースで、甘《あま》えたり、反《はん》抗《こう》したり、につきあっていく、**ということが、子どもの自己評価を育《はぐ》む、ということです。

逆に、**子どもの甘《あま》えを突《つ》き放《はな》し続《つづ》けたり、子どもの自立を否定したり、抑《おさ》え込《こ》んだりし続《つづ》けると、子どもの自己評価は育たない、**ということです。

○受け止める

5

子どもが10代になると、甘《あま》えと反《はん》抗《こう》の行ったり来たりが、とても激しくなる

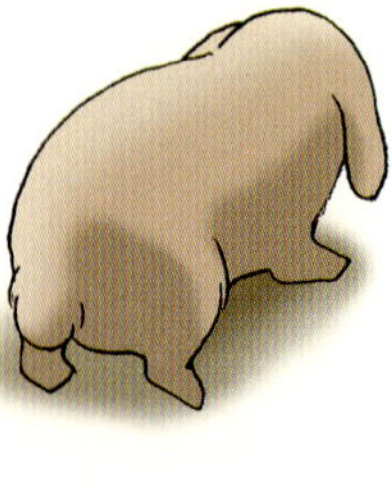

子どもの心は、依存《いぞん》（甘《あま》え）と自立（反抗《はんこう》）を繰《く》り返《かえ》して大きくなりますが、10代になると、次のような特徴《とくちょう》が表れてきます。

(1) 依存《いぞん》（甘《あま》え）と自立（反抗《はんこう》）の行ったり来たりが、とても激しくなる

まるで、日替《ひが》わりのようにくるくる変わります。

「お母さ～ん」と頼《たよ》ってくるので、まだ子どもだな、と思っていると、次の日には、「うるさいな。ほっといてくれよ」と言う。

じゃあもう知らんわ、と思ってプリプリしていると、次の日、また「お母さ～ん」と言ってくる。

いったい、どっちやねん！とキレそうになります。

どっちが本当かと思いますが、どっちも本当なのです。

それだけ、コロコロ変わる、ということです。

お母さーん、体操服どこー？
え？
ガチャ
ガチャ
ありがとー行ってきまーす
中学生とはいってもまだまだ子どもねっ ふふっ
夜――
ケンイチ、入るわよ
ガチャ
わっ！何だよ
急に入ってくんなよ!!
何よっその言い方は
うるさいなー
ばばあっ!!
カッチーン
失礼しちゃう！
もう知らないんだから!!
プン
プン
ねーお母さーん、今日さー
どっち!?

（2）依存《いぞん》（甘《あま》え）の相手が変わってくる

10歳を過ぎると、たとえ不安になっても、もう親には甘《あま》えられない、という気持ちが強くなります。そのときに、依存《いぞん》する相手が、友達です。ですから、10代の友達関係というのは、親に甘《あま》えたい気持ちを、友達に向けているのです。

10代の友達関係が、とても依存的《いぞんてき》なのは、こういう理由によります。ですから、受け入れられるか、拒否《きょひ》されるか、ということを、ものすごく気にしますし、拒否《きょひ》されたら、とても傷つきます。大人になれば、お互《たが》いに自立していますから、多少、拒否《きょひ》されても、人は人、私は私、と思えますが、10代はそう思えないのです。

●拒否《きょひ》されるとき

●自分が受け入れられるとき

こういう意味で、**10代には友達関係が、心の成長にとって、いかに重要か、**という ことがわかると思います。

逆にまた、友達関係を持てなかった、あるいは、いじめなどで、友達から拒否《きょひ》された子どもが、いかに強い不安を持ち、自立を妨《さまた》げられるか、ということがわかっていただけると思います。

6

10代に反抗《はんこう》するのは、子どもの心が、健全に育っている証拠《しょうこ》です

なぜ、「反抗《はんこう》しだしたら一安心《ひとあんしん》」といわれるのでしょうか

小学生――
お母さーん、何か手伝いたーい
ぴょん ぴょん
まあ、ありがとう
こんにちは!!
いつも一緒《いっしょ》で仲良しね!
ほんと、いい子だねぇ……
中学生――
すっ
あらっ 帰ったの?
ちょっと! 帰ってきたら ただいまくらい 言いなさいよ!!
はーっ
学校は!? 今日はどうだったの!?
別に
別にって何よ!!
ふつう
ふつうって何よ!
そんなこと じゃ全然 わからない じゃない!!
いったい私の子育ての どこがいけなかった のかしら……
シク シク
このままだったら 不良になるんじゃ ないかしら……

子どもが反抗《はんこう》しだしたということは、それまでにじゅうぶん甘《あま》えて、依存《いぞん》して、安心感をもらったからです。**今までの子育てが基本的に間違《まちが》っていなかったということの証拠《しょうこ》です。**

医者としては、むしろ、10代にまったく反抗《はんこう》しない人のほうが心配です。

もちろん、親子のコミュニケーションがじゅうぶんにとれていて、反抗《はんこう》する必要がないという場合もあります。それは、心配ないです。

ところが、中には、子どもが反抗《はんこう》したくてもできない、という場合があります。それまでに、じゅうぶん依存《いぞん》して、甘《あま》えて安心感をもらっていないために、**反抗《はんこう》すると嫌《きら》われるのではないか、見捨てられるのではないか、という大きな不安があり、反抗《はんこう》したくてもできないのです。**

そういう人は、ずっと反抗《はんこう》しないままでいくかというと、そうではなく、20歳を超《こ》えてから、爆発的《ばくはつてき》な形で、反抗期《はんこうき》がくることがあります。たとえば、家庭内暴力、自殺未遂《じさつみすい》、リストカット、そういう形で表れます。

●20歳を超《こ》えてから、爆発的《ばくはつてき》な形で、反抗期《はんこうき》がくることがある

小学校――
おまえも親に買ってもらったら?
そんなこと!
とても言えない!!
ぶんっ
ぶんっ
ピコピコ
中学校――
お母さんは勉強ができるぼくが好きなんだ!
嫌《きら》われたくない!!
高校――
それじゃ、あとよろしくね
見捨てられたくない!!
わかった
20歳過ぎ――
むかつくんじゃっばばあ!!
ガシャーン
きゃーっ

ですから、10代に反抗《はんこう》するというのは、心が健全に育っている証拠《しょうこ》なんです。反抗《はんこう》したら、一安心《ひとあんしん》といわれるのは、そのためなのです。

反抗《はんこう》しだしたら、不安になる親御《おやご》さんが少なくないのですが、そうではなくて、子どもが反抗《はんこう》しだしたら、「あ、ここまで子どもが成長してきたんだな。よしよし」と喜んでほしいのです。

また、自立し始めた子どもは、必ず不安を持っています。一方、親も不安があります。そこで大切なのは、親が、自分の不安から、先回りして、手を出したり、口を出したりしない、ということです。いわゆる、過保護、過干渉《かかんしょう》をしない、ということです。

●親が、自分の不安から、過保護、過干渉《かかんしょう》をしない

思春期《ししゅんき》から青年期に向かうにつれて、依存関係《いぞんかんけい》は、友達へ、そして、異性へと向かっていきます。その中で、子どもはさまざまに裏切られ、傷つきます。そんなときに、帰ってくるのは、やはり家であり、親です。時には、心を鬼《おに》にして突《つ》き放《はな》すことも必要かもしれませんが、本当に助けを求めてきたら、しっかり受け止めてやってほしいと思います。

●助けを求めてきたら、しっかり受け止める

7

「肩《かた》の力を抜《ぬ》く」「あきらめる」ことも大切

子どもの現実を受け入れると、
逆に、子どものよさが見えてくる

10代の子どもに、親としてできることは何でしょうか。まず、大切なことは、「肩《かた》の力を抜《ぬ》く」ということです。もっと平たく言うと、「あきらめる」ということです。

とりあえず、10代になるまで、餓死《がし》もさせず、ここまで育ててきました。それだけでも、たいへんなことです。右も左もわからない、赤ちゃんのときから、ここまで育てるには、たいへんなエネルギーと時間が必要でした。でも、そのおかげで、子どももここまで育ちました。もし、おなかがすけば、「おなかがすいた」と言えますし、お金さえあれば、コンビニに買いに行くこともできます。たとえ、親がいなくても、何とか生きていくことはできます。ですから、子育てでいちばんたいへんな時期はもう過ぎました。

また、もう10代になった子に、今から、「ああしろ」「こうしろ」と言っても、そんなに大変わりはしません。勉強が嫌《きら》いな子に、「勉強を好きになれ」と言っても、人間、百八十度、変わるものではありません。

ですから、もう、こうなったことはしかたがない、ここまできたからには、なるようにしかならん、といった現実を認めてしまって、肩《かた》の力を抜《ぬ》く、ということです。

われわれはついつい、自分の力で子どもを変えようとしています。「もっとこうしたら……」「どうしてこうしないの……」

しかし、子どもを変えようと思っている、ということは、逆に言うと、「今のおまえではダメだ」と言っていることになります。知らず知らずに、子どもに、否定のメッセージを送っているのです。

●子どもに、否定のメッセージを送っている

そのように、親が肩《かた》の力を入れて関《かか》わっていると、ついつい、子どもに過大な要求をするようになります。しかし子どもはそんなに思うようにはなりませんから、ついつい、子どもを否定したり、不満をぶつけたり、イライラすることになります。

「この子はこの子の人生」といったんあきらめるということは、子どもの現実を受け入れるということです。そうすると、逆に、子どもなりのがんばっているところ、よさが見えてきたりするのです。

●子どもの現実を受け入れる

8

「どうせ親に話してもムダだから」と言う子が多いのは、なぜでしょうか

お母さんには話したの？
どーせ話したってさー

それでは、できることは何もないのか、というと、そんなことはありません。10代になった子どもにも、してやれることがあります。いちばん簡単で、でも大切なことは、**「話を聞く」**ということです。しかし、10代の子どもは、あまり親に話をしてきません。親と話をするより、友達と話をしているほうが楽しいからです。それはそれでいいのです。無理にこちらから、話を聞き出そうとする必要はありません。

しかし、子どもも、ごくたまに、親に話を聞いてほしい、と思うことがあります。そういうときには、いくらこちらが忙《いそが》しくても、しっかり聞く、ということです。

話を聞くことに限らず、10代になると、親に求めてくることが少なくなります。でも、ゼロではありません。ごくたまに、助けを求めてくることがあります。そのときに、しっかりこたえる、ということです。病気になったら、病院に連れていく。学校や部活で本当に必要なものは、いちいち恩着せがましく言わずに、ちゃんと買う。子どもとの約束は、ちゃんと守る。

× 本当に必要なものは、恩着せがましく言わずに買う

お母さん、今度バスケット部が全国大会に出るんだよ
エー
交通費が2万5千円いるんだけど……
またなの？
あんまりお金のかかる部活に入るのも考えものねー
はーっ
はい、コレ
部活なんかそこそこでいいんだから、もっと勉強をしっかりしなさいよ
ネチネチ
ネチネチ
あと、チームでシューズをそろえることになったんだけど
これ以上かんべんしてよ。お父さんに頼《たの》んだら
プイッ
どうしよう……

○助けを求めてきたときには、しっかりこたえる

ただいまー
おかえり
最近あの子、成績が落ちる一方だけど、ちょっと部活に熱入れすぎかしら……？
あー、今日の練習ハードだったー
ゴロン
でも今のこの子には部活が命なのよね……
お疲《つか》れさま
あ、そうだ。今度全国大会に出ることになったんだ。交通費ちょーだい
はいはい
全国大会なんてすごいね
あとシューズも買わなくちゃいけないんだ
お金ばっかかかって、ごめんね
しかたないわね
応援《おうえん》してるよ

子どもたちはよく、「親は、してほしくないことばかりしてきて、本当にしてほしいことは、ちっともしてくれない」と言います。親にしてほしいこともたまにはある、しかしそういうときは、「忙《いそが》しい」とか、「そんなことやってもしかたがない」とか言われて、拒否《きょひ》されていることが多いのです。

だいたい、子どもが、何か頼《たの》み事《ごと》をしてくるときに限って、こちらの忙《いそが》しいときが多いです。

ですから、ついつい、「今忙《いそが》しいから」と言って断《ことわ》ったり、「後でするから」と言って、結局忘れてしまったりします。

でも、10代の子どもが、親に頼《たの》み事《ごと》をしてくる、ということは、よほどの事情があるのです。

ですから、そういうときは、こちらは徹夜《てつや》をしてでも、真剣《しんけん》にこたえる必要があるのです。

子どもと一緒《いっしょ》に生活できる時間は、せいぜい、あと数年です。

お母さん
部活の友達のことで困ってるんだけど……
忙しいんだから後にして

思春期《ししゅんき》を過ぎれば、病気とか何かの事情がないかぎりは、もう、子どもに、してやれることは仕送り程度で、ほとんどなくなってしまいます。最後の親の務めだと思えば、もう一踏《ひとふ》んばりできるのではないでしょうか。

ところが、肝心《かんじん》なときに、親に拒否《きょひ》されたり、無視されたりすると、子どもは、「親に何を言ってもしかたがない」と思ってしまいます。

特に、10代の子どもには、敗者復活戦はありません。

いったん、大きく信用を失ったら、もう子どもは、親をあてにしなくなります。

そうすると、本当に困ったときにも、親に相談してこなくなります。

私のところに相談に来る子どもに、

「親に話はしたの？」と聞くと、

「どうせ親に話してもムダだから」と言う子が多いです。そういう子は、以前に、本当に助けてほしいときに、拒否《きょひ》されたり、軽くあしらわれたりした子が多いです。

9

〝いじめ〟は、犯人を特定して、厳《げん》罰《ばつ》に処するだけでは解決しない

学校の先生の中には、よく
いじめられる君も悪いんだ! もっと強くなれ!
と言う人がいますが、絶対に言ってはならないことです
せっかく勇気を奮《ふる》い起《お》こして先生に言ったのにわかってもらえなかった……
もう二度と先生には相談しに行けないよ……
やっぱり自分は生きている価値がないんだ……
――最悪の場合、行き着くところは、自殺です
ですから、自殺に至る前に、学校に行かなくなる、という道を選んだ子どもは、まだよかったと私なんかは思います

不登校というと、親や先生は大騒《おおさわ》ぎになりますが、しかし自殺するよりは、よほどましだと私は思います
しかし、たとえ学校に行くのをやめたとしても、激しいいじめの後遺症《こういしょう》は、そう簡単にいえるものではなく――
後《のち》に家庭内暴力や引きこもりの原因になったりすることもあります
ドンドン
やっている本人は遊びのつもりかもしれませんが、いじめが、いったい、どれだけ相手の心に深いダメージを与《あた》えるのか、いじめる子は、よくよく知るべきだと思います
ただ、いじめ、という問題は
厳しい指導を!!
この問題児め!! 停学! 自宅謹慎《じたくきんしん》! 反省文100枚!!
別室隔離《べっしつかくり》!!
いじめている犯人を特定して、厳罰《げんばつ》に処する、ということだけでは解決しません

ほとんどの加害者は、かつて被害者《ひがいしゃ》であった
という言葉があります
暴力的な人は、お母さんのおなかからオギャアと生まれたときから
ブンブン
ブンブン
凶悪《きょうあく》な鬼《おに》みたいな顔をして生まれてきたと思われるかもしれませんが、そんなことはないんです
むしろ、ある時点までは決して暴力的じゃなくて、手のかからないおとなしい子だったとか——
はいっ
行くわよ！グズグズしないで!!
がまん強い子だったとか——
あるいは逆に
何だとオレにたてつく気か
その子自身が暴力の被害者《ひがいしゃ》だったということがあります
私もいろんな暴力的な人を見てきましたけれども、ほとんどの人は、過去に何らかの大きな被害体験《ひがいたいけん》を持っています

いじめている子どもも、
また、別の所で、攻撃《こうげき》
にさらされていたり
追《お》い詰《つ》められている
ことがあります
いじめられて
自殺、
ということは
決してあっては
なりませんが
いじめる子もまた
自殺や、うつ病に
なりやすいという
データが出ています
いじめる子どもも、
またケアが必要な
子どもなのです

もちろん、
だからといって
いじめが許されるもの
では、決してありません
いじめは
絶対ダメだ!
何より大切なことは、
いじめの解決のためには
被害者《ひがいしゃ》
加害者ともに
心のSOSの
サインとして
大人がしっかり
関《かか》わっていくと
いうことなのです

10

〃いじめ〃という暴力は、
相手を傷つけるだけではなく、
その人が
他の人に相談しようとする
力まで奪《うば》ってしまう

金、出せよ
おら おら
わ、わかったよ……
ひぃっ
数日後――
ちっ、今日は金、持ってないのか
じゃあゲーム盗《ぬす》んでこいよ。
――なに、嫌《いや》だと？
おまえ、断《ことわ》ったらどうなるかわかってるのか？
わかったよ……やるよ……

いじめ、虐待《ぎゃくたい》、体罰《たいばつ》、DV（夫婦間暴力）など、すべてそうですが、このような暴力の本当の残酷《ざんこく》さは、あざや体の傷ではなく、暴力を受けた人の心を深く傷つけ、打《う》ち砕《くだ》いてしまうことにあります。

いじめによるPTSD（心の傷による後遺症《こういしょう》）は、戦争体験によるPTSDの症《しょう》状《じょう》にも劣《おと》らない、という報告もあるくらいです。

暴力によって、一度でも死ぬような恐怖《きょうふ》を味わうと、人間は抵抗《ていこう》する力を奪《うば》われます。

「報復が怖《こわ》い」「逆にいじめがひどくなるんじゃないかと思って」と、状況《じょうきょう》がよけいに悪化することを恐《おそ》れて、抵抗《ていこう》したり相談したりすることができなくなります。

さらに、このような暴力が、相手に送るメッセージはただ一つ、
「あんたは、たいした人間じゃない」
「あんたは人間のクズだ」です。

こういうメッセージを送られ続けると、人間はどうなるか。

「自分は、どうせたいした人間じゃない」
「自分はやっぱり人間のクズだ」
と思うようになります。
そう思うと、従うしかなくなります。

要するに、自分への自信を失い、自分の尊さ、自分の存在価値、自分の素晴らしさを、信じられなくなります。

すなわち自己肯定感《じここうていかん》を失い、自己評価が極端《きょくたん》に下がります。

そうなると、深い無力感にとらわれ、「すべては自分が悪いんだ」「自分が弱いからいけないんだ」と自分を責めたり、「自分があの子を怒《おこ》らせるようなことをしたからい

クズ
クズ
ううっ
クズ
クズ
そうだ……
自分はやっぱり
人間のクズなんだ……
どうせ
たいした人間じゃ
ないんだ……

けないんだ」と、本当は被害者《ひがいしゃ》であるのに、まるで加害者のように自分のことを思《おも》い込《こ》んでしまったりします（それは、加害者が、全部おまえのせいだ、おまえが悪いんだ、と繰《く》り返《かえ》し言うからですが）。さらに、

「どうせ自分が何を言っても、だれも本気で取り合ってくれないだろう」

「自分のことなんて、だれも関心ないんだから」

と、相談する意欲さえも失ってしまいます。

　被害《ひがい》を受けた人は、本当は決して悪くはないのに、あたかも自分が諸悪の根元みたいに思《おも》い込《こ》んでしまっています。そのために、

「相手にも腹が立つけれど、こんないじめにあう自分のほうがもっと情けない」

「こんな情けない自分を、だれにも知られたくない」

すべては自分が悪いんだ……
ぼくが怒《おこ》らせるようなことをしたからいけないんだ……
どうせ自分が何を言ってもだれも本気で取り合ってくれないだろう
?
じっ

と相談に行くことを躊躇《ちゅうちょ》します。相談に行っても、
「それはおまえが悪いんだろう」
「そんな偉《えら》そうに悩《なや》みを打ち明けられる立場か?」
と逆に責められるような気がして、なかなか相談に行けません。そのために、よけいまた自分を責める、という悪循環《あくじゅんかん》に陥《おちい》ってしまうのです。

いじめという暴力は、相手を傷つけるだけではなく、その人が他の人に相談しようとする力まで奪《うば》ってしまうものなのだ、ということを、私たちはよく知る必要があります。

だからこそ、そんな中、相談に来た人には、「よく来てくれたね」と言葉をかけることが必要で、逆に「こんなことぐらいで……」などとは、決して言ってはならないのです。

ぼくのことなんて
だれも関心
ないんだから
ぼくが死んだって
だれも……
ぼくなんて
どうせゴミ……

悪循環《あくじゅんかん》を繰《く》り返《かえ》す

11

いじめられている人は、決して弱くなんかない

なぜ、親にも先生にも言えないのでしょうか

いじめは、親にも、先生にも、とても言いづらいものです。場合によっては、いじめられなくなって何年もたっているのに、言えない場合もあるのです。

親に言えない理由の第一は、**「親を傷つけたくない」「心配かけたくない」という気持ちです。**こんなつらい目にあってもなお、親のことを気《き》遣《づか》う優しさに胸が痛みます。

また、言えない理由として、**「自分がいじめられているなんて恥《は》ずかしいから、みじめだから」**というのもあります。決して恥《は》ずかしいことではなく、むしろ、いじめるほうが恥《は》ずべき行動をしているのに、いじめられている人は、いじめられている自分を恥《は》ずかしい、と思うのです。自分が弱いからだ、言い返せないからだ、自分の性格が悪いからだ、暗いからだ、と自分を責めています。

でも、いじめられている人は、そんなにつらい中でも、必死で耐《た》えて生きている人です。決して弱くなんかありません。

な、何コレ!! あんた、いじめられてるの!?
ばっ
そんなわけないだろ!!
いたずらがはやってんの！
う……うん……
おまえがいると助かるよ
オレらのうちまで運んどいて
こんなことさせられるのは、ぼくが弱いからなんだ……
こんなことでもしなきゃぼくは友達になってもらえないんだ……

さらに、**「大人に言うと、よけいひどくなる、と思って」**というのもあります。

確かに、「いじめを言っても、まともに取り合ってもらえなかった」とか「逆に責められた」とか、「チクった（告げ口をした）と言って、よけいいじめられた」ということも聞きます。しかしその一方で、「大人に言って解決した」とか、「よくなった」ということもよくあります。大人に言って必ずしもひどくなるわけではない、むしろよくなる場合も多いことも知ってほしいと思います。

12

「いじめられている」「自殺したい」……。親には言えない心の叫《さけ》びを、子どもの変化から、早めに読み取ることが大切

いじめの、SOSのサイン
こんな変化に注意しましょう

子どもたちは、いじめられていても、なかなかそのことを口にしません。ですから、周囲もなかなか気づけないことが多いです。しかし、いじめが発覚して、「そういえば」と、後になって、子どもの出していたSOSに気づくことも少なくありません。

以下に、いじめの、SOSのサインをいくつか挙げます。こういうサインがあったら、早めに子どもに、いじめられていないか、確認してみる必要があります。

(1) 身体、服装の変化

・しばしばケガをする。しかもケガの理由を言わない。あるいは理由が不自然。
・腹痛、頭痛、吐《は》き気《け》、食《しょく》欲《よく》不《ふ》振《しん》、不《ふ》眠《みん》、微《び》熱《ねつ》などの原因不明の身体の症《しょう》状《じょう》が続く。
・服が破れていたり、汚《よご》れていたり、ぬれている。泥《どろ》だらけになっている。

(2) 持ち物の変化

・持ち物がなくなる。持ち物を壊《こわ》される。（靴《くつ》、文房具《ぶんぼうぐ》、教科書、自転車など）

・持ち物を汚《よご》されたり、落書きされたりする（教科書やノート、かばん、学校の机）。

・制服や教科書などがトイレやゴミ箱、校庭に捨てられる。

・学校の机が不自然に離《はな》される。机やイスが一つだけ掃除《そうじ》のときに残される。

・家のお金、大切にしていたゲームソフトやカードがなくなる。貸したと言う。

あれ、筆箱どうしたの？
出しなさい
ちょっとなくしちゃって……
この間もこんなことなかったっけ……？
えーと
わっ教科書どうしてこんなぬれてるの
水たまりに落としちゃって……
うひゃ、きたねー教科書ー
筆箱はどうする？
どっか、隠《かく》しちゃおうぜ

1枚……2枚……
あら……。少なくなってる…… 気のせいかしら？
わっ!!
やっぱりあんただったの!?
お小《こ》遣《づか》いが足りないのならお年玉があるでしょう!!
……だって使っちゃったもん
ん!? そういえばゲームソフトも減ってない!?
……貸した

(3) 言動の変化

・親しかった友達とのつきあいがなくなる。学校や友達の話をしなくなる。休み時間に1人で過ごしている。1人で登下校をするようになる。

・修学旅行や合宿、移動教室に行きたがらない。困っているときに、だれからも助けてもらえない。

・掃除当番《そうじとうばん》や係など、嫌《いや》なことを押《お》しつけられる。

・プロレスごっこでやられている。鬼《おに》ごっこで常に鬼《おに》になる。ゲームで負けて罰《ばつ》ゲームをやらされることが多い。

・学校に行きたがらない。部活をやめたがる。保健室に行くことが多くなる。送《おく》り迎《むか》えをしてほしがる。転校したいと言う。

・電話でよく呼び出される（特に夜）。電話に出たがらない、怖《こわ》がる。携帯《けいたい》メールが届いても見たがらない。

・小遣《こづか》いの前借りを頼《たの》む。

・無口になる。ため息をよくつく。

好きな人同士
グループを
つくってください
はーい
あははは
ポツン
キーンコーン
カーンコーン
遊ぼーっ
わーい
キャーワー
最近
1人ね……
あっ
あの子が
当番!?
やだー
クスクス
残しちゃ
おっかー
おれ、今日塾《じゅく》とか
いろいろあって
忙《いそが》しいんだー
掃除当番《そうじとうばん》
やっといて
くれるー?
え……
いーの?
いいの、
いいの。
あいつ掃除《そうじ》
好きなん
だってよ

(4) 感情の変化

・元気がない。ぼーっとしている。暗い。怒《おこ》りっぽい。泣く。無感情になる。

・物や動物、きょうだいに当たる。

・成績が落ちる。

(5) 訴《うった》え

・「いじめられている」「ちょっかいを出してくる」「友達関係で悩《なや》んでいる」「席《せき》替《が》えし

てほしい」「クラスを替《か》えてほしい」「物がなくなる」

・生活ノートなどに「いじめられている」と書く。「部活をやめたい」「学校をやめたい」

職員室
うろ
うろ
お、どうした？先生に何か用か？
先生‼私、クラスを替《か》えてもらえませんか⁉
ええ⁉
だめならせめて席替《せきが》えでも……
……何かあったのか？
あの生徒、この間もクラブをやめたいと言ってきましたよ
……

(6) その他

・無言電話やイタズラ電話が頻繁《ひんぱん》にかかる。

・嫌《いや》がらせの手紙が届く。年賀状や色紙などに「死ね」「バカ」など悪口を書かれる。

・周囲から「いじめられているのでは」という情報が入る。

・自分の携帯番号《けいたいばんごう》やメールアドレスを、不特定多数の人に回される。

(7) 特に気をつけたいサイン

自殺の可能性のあるとき

・「死にたい」「楽になりたい」と言う。夜眠《ねむ》れない日が続く。体が震《ふる》える。
・大切にしていた物を惜《お》しげもなく分《わ》け与《あた》える、部屋《へや》を片づけ身辺整理をする。
・長期の休み明け前後が危ない。夏休み明け、冬休み明けなど。

参考　武田さち子『あなたは子どもの心と命を守れますか！』WAVE出版

13

いじめの相談を受けたときに、絶対に言ってはならない言葉

われわれは、子どもが「いじめられている」と相談してきたとき、ショックを受けます。そして、感情的になり、ついつい、「そんなのに負けちゃだめだ」とか、「やり返せ」とか言ってしまいます。さらには、「おまえにも何か原因があるんじゃないか」「いじめられるおまえにも悪いところがあるんじゃないか」と言うことさえあります。

しかし、「負けちゃだめだ」「もっと強くなれ」「やり返せ」と言っても、そうできないから、子どもは悩《なや》んでいるのであって、それなのに、

「**もっと強くなれ**」「**言い返せ**」

と言い続けると、子どもは、結局、強くなれない自分が悪いんだ、言い返せない自分が悪いんだ、と思ってしまいます。

ただでさえ、いじめられる自分が情けない、弱い、自分がヘンなんだ、と自己否定している子どもたちです。それなのに、ありったけの勇気を出して親に相談しても、自分が悪いように言われたら、もうそれ以上相談できなくなります。

ましてや、「**おまえも何か悪いところがあるんじゃないか**」なんて言われたら、いじめられる自分が悪いんだ、と言われているのと同じです。

✕「あなたにも何か悪いところがあるんじゃないか」は禁句

数人でかかってきたから……
まーひきょうなっ
男なら、ちょっとはやり返したんでしょうね！
ボロッ
そんなことできないよ……
ぼくって本当に情けないな……
でも何でいつもあんただけがやられるの？
あんたにも何か悪いところがあるんじゃないの？
おかしいじゃない！
やっぱりいじめられる自分が悪いんだ!!

子どもが「いじめられている」と相談してきたとき、何よりもまず伝えてほしいのは、**「いじめられてるあなたは、ちっとも悪くないよ。悪いのは、いじめる子なんだよ。いじめてくるほうが絶対間違《まちが》ってるんだよ」**ということです。

○「悪いのは、いじめる子なんだよ」と伝える

いじめられているあなたはちっとも悪くないよ
悪いのはいじめる子なんだよ
はっ!
そうなんだ……
いじめてくるほうが絶対間違《まちが》っているんだよ
そうだよねっいじめるほうがおかしいんだよね!
ぼくが悪いんじゃないんだ!!

たしかに、子どもの性格や個性にはいろいろあります。しかし、いじめられて当然の性格や個性など、あるはずがありません。どんな事情があろうと、いじめていい理由には絶対になりません。ですから、いじめる人が間違《まちが》っているんだし、いじめられる子は、ちっとも悪くないのです。

これは、ある意味で当然のことなのですが、子どもには案外、伝わっていないのです。
まず、このことを、言葉で、子どもにしっかり伝えてほしいと思います。
対策を考えるのは、それからなのです。

学校へ行かない、あるいは転校することも一つの選択肢《せんたくし》

いじめの対応として、時には、学校を休む、という選択肢《せんたくし》もあることを、大人はきちんと伝えるべきだと思います。

いじめられて当然の性格や個性などあるはずがありません

よく大人は、「そんな簡単なことで学校を休むな」と言いますが、「そんな簡単なこと」では、すでになくなっているから、学校に行けなくなるのです。ところが、学校へ行きづらくなっても、子どもはいじめられていることをなかなか言えません。場合によっては、何年もたって、ようやく言えた、という子もあります。

×
ただいま
えっ、どうしたの、こんな時間に帰ってきて
友達から悪口言われて――毎日言われて――
もうダメだ!! 学校に行きたくない!!
わあっ
こんなことこれから先だっていくらでもあるんだから
そんなこと言ってちゃ社会でやっていけないわよ
こんなことで負けてどうするの!
がんばって!!

○「学校へ行けない」という気持ちを受け入れる

そんなことがあったのなら行きたくなくなって当然だよ
つらかったね かわいそうに
毎日、本当にたいへんだったね
少し家でゆっくり休んだらいいよ
世間体《せけんてい》や勉強のことなんて気にしなくていいんだよ
そんなものよりもっと大切なことがあるんだから
元気になるまで家で休んでいいからね
お母さんはずっとあなたの味方だからね

いじめにあう人は、まじめな、優しい子どもたちです。
そういう子どもたちは、学校へ行かなければならないことは、
じゅうぶんわかっています。
それでも学校へ行けなくなるということは、
どれだけのつらさか、ということを
わかってほしいのです。

不登校さえもできなかった、親にも優しい、
まじめな子が、自殺している、という事実を
われわれはもっと知るべきだと思います。

行きたくないけど
行かなくちゃ

不登校さえ
できないのは
たいへん苦しいこと

14

若い命が、これ以上、犠《ぎ》牲《せい》になることを、防がなければなりません

本気になって取り組めば、
いじめをゼロにすることはできなくとも、
半減させることはできるはずです

いじめの対策を立てるときに、まず大切なのは、**実態を正確に把握《はあく》する、**ということです。

しかし、日本では、このことがまずきちんとなされていません。

たとえば、文部科学省の統計では、1年間1件もいじめが発生しなかったとする公立学校が、平成17年では、小学校で89パーセント、中学校で65パーセントにも達しています（「平成17年度　生徒指導上の諸問題の現状について」）。

この数字をいったい、どれだけの人が信用するというのでしょうか。文科省は、本当にいじめの実態を把握《はあく》しようという気があるのかと疑いたくなります。

いじめの取り組みが進めば、いじめの発見率は高まり、発生件数は上がります。この数字をそのまま公表しているということは、いじめの取り組みをまともにしていま

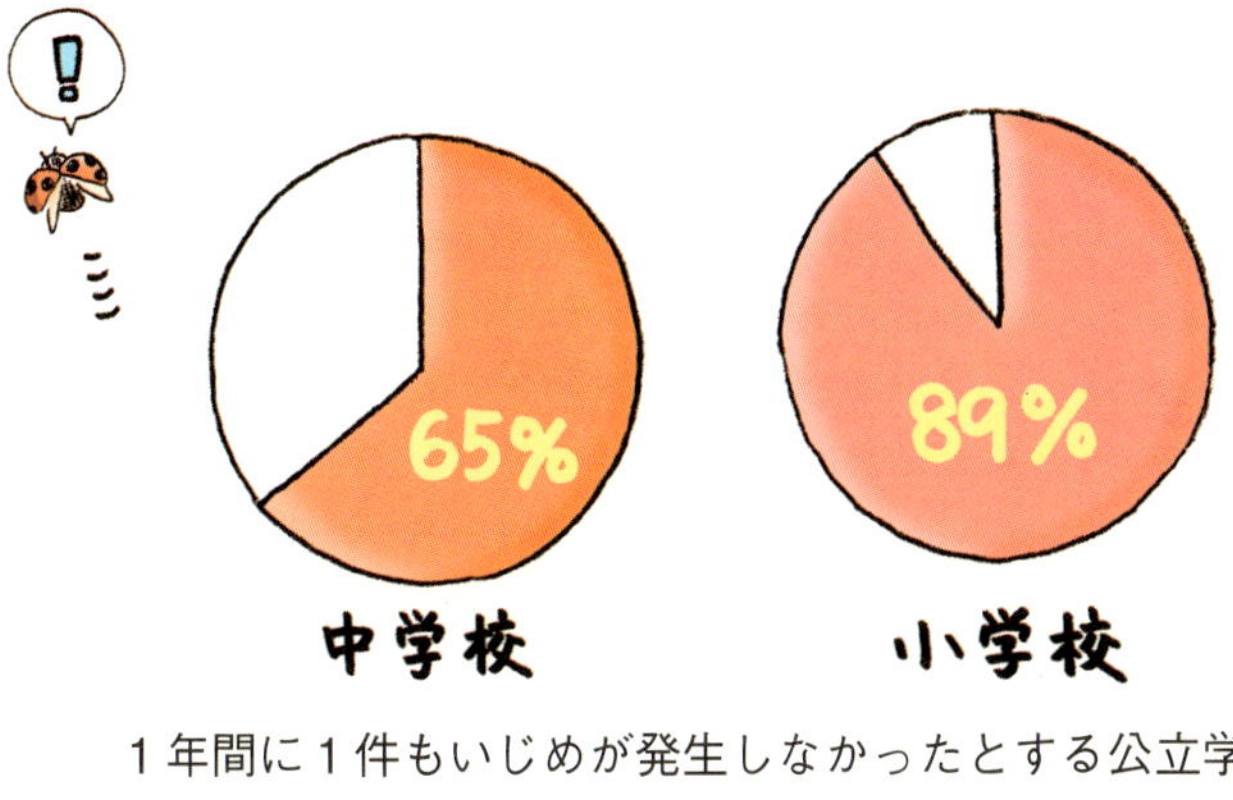

1年間に1件もいじめが発生しなかったとする公立学校

せん、と言っているのと同じではないかと思います。

『日本のいじめ――予防・対応に生かすデータ集』によれば、平成8年の2学期に、いじめられたと答えた中学生の割合は、12パーセントでした。

その年の日本の中学生の総数は、約450万人でしたから、その中で、いじめを受けた人は、約54万人になるはずです。

ところが、その年の文部省の統計では、中学校で発生したいじめの件数は、約2万5千件です。単純計算ですが、子どもの体験した、いじめの20分の1しか、学校は把握《はあく》していない、ということになります。

平成8年2学期／中学生
（森田洋司・滝充・秦政春・星野周弘・若井彌一編著『日本のいじめ――予防・対応に生かすデータ集』金子書房）

いじめ対策先進国である、北欧《ほくおう》のノルウェーやスウェーデンでは、まず子どもたちに、アンケートをとり、いじめの実態を把握《はあく》しています。それを親や地域で共有し、さらに国や自治体レベルで、いじめ対策プログラムを作り、そこに、子どもの意見をじゅうぶんに反映させました。そして、教員が一丸となって対応を行った結果、いじめを半分からそれ以下に激減させています。

日本でも、文科省や自治体、学校が本気になって取り組めば、いじめをゼロにすることはできなくとも、半減させることはできるはずです。

それによって、
これ以上、若い命が犠牲《ぎせい》になることを、
今度こそ防がなければならないと思います。

15

いじめは、学校が、真剣《しんけん》に取り組むべき最も重要な問題の一つです

私の考える、いじめの対応は、以下のとおりです

（1）いじめられた本人から、詳《くわ》しく、実際にあったことを聞く

まず、いじめの申告があったら、いじめられた本人から、詳《くわ》しく、実際にあったことを聞く。その際、「君にも悪いところがあったんじゃないか」ということは絶対に言わない。「つらかったね、よく話してくれたね、ありがとう」「必ず、ちゃんとした対応をするから、待っていてほしい」と話をする。

×

先生!! ぼく いじめられて いるんです！
わっ
そうか、あいつか。よし、わかった
今度先生から注意しておくよ
でもっ……また よけい 怒《おこ》らせたら……
そもそもどうして君ばっかりそんなことをされるんだい
君にだって何か悪いところはあるんじゃないのか
いらっ
ガーン

(2) いじめた本人以外で、周囲にいた人に、片《かた》っ端《ぱし》から、実際の状況《じょうきょう》を聞く

先生、ぼく タケシ君のグループに いじめられてるんです
本当か
どんなことが あったんだい？
この間も、囲まれて お金取られたんです。 みんな 見てたのに だれも助けて くれなくて
え！ そりゃひどい！
この間って いつのこと？
そうか そうか
囲まれた 相手は？
だれが見てたの？
場所はどこで？
いくら取られたの？
そりゃつらかったね。 よく話してくれた。 必ずちゃんと対応 するから、少しの間 待っていてくれるか
はい

いじめた本人以外で、周囲にいた人に、片《かた》っ端《ぱし》から、実際の状況《じょうきょう》を聞く。本人の申告の裏づけをとる。これは、いじめた本人の言《い》い逃《のが》れを防止し、きちんと反省させるためには絶対必要。これがどれだけ詳細《しょうさい》に、正確に把握《はあく》できるかが、その後の成否を決めます。さらに、これは、できるだけ早く行う必要があります。そうでないと、子どもたちの間で口《くち》裏合《うらあ》わせが始まるからです。ただ、デリケートな問題なので聞き方には注意が必要です。

一人一人に聞く
おーい田中ーちょっとちょっと
なあにー先生
部活中だよーー?
すまん、ちょっと急ぎなんだ
ほかにもだれかいたの?
なおこもいたけどー今日は帰っちゃったよ
できるだけ早くやる必要がある
もしもしーなおこさんは

(3) いじめた本人を、呼んで事実の確認をする

いじめた本人を、呼んで事実の確認をする。その際、いじめた人が、複数である場合は、必ず1人ずつ別々に呼んで話を聞く。複数同時だと、お互《たが》いに牽制《けんせい》し合《あ》って、ごまかしたり、ウソを言ったりするので、決して同時には話を聞かない。

×

また、いじめの中心になる人があれば、その人はいちばん最後にして、他の人の話も、裏づけに用いる。

(4) 見込《みこ》み捜査《そうさ》は絶対にしない

見込《みこ》み捜査《そうさ》は絶対に許されない。ちゃんとした証拠《しょうこ》がないのに、「これは、おまえがやったんだろう。白状しろ。白状するまでは帰さない」というのは絶対だめ。

×

タケシ……きっとあいつが中心となってみんなをそそのかしたんだろう。
だいたいあいつはふだんから生活態度が悪すぎる
そういえばこの間の他校生徒とのケンカ騒動《そうどう》。あれもタケシがからんでるに違《ちが》いない!!
いっぺん停学にでもしてこらしめてやらないと!!
シュウ
シュウ
か〜っ
全部おまえがやったんだろう!!
違《ちが》うよ
白状しろっ
白状するまでは帰さないぞっ
知らねーよ
プイッ
バンッ

○

しかし、間違《まちが》いない裏づけがとれていることについては、本人の安易な言《い》い逃《のが》れは許さない。事実は事実として、きちんと認めさせる。

(5) いじめを認めたら、相手の身になって、よく考えさせ、反省を求める

いじめの事実を認めたら、相手がいかに傷ついているか、どんなにつらい思いをしたか、自分が同じ立場に立ったら、どういう気持ちになるか、よく考えさせて、反省を求める。

(6) ここからの対応が、二つに分かれます

① 軽い気持ちで、やった場合

いじめを、軽い気持ちで、やった場合。相手がそれほど傷ついていると知らずに周囲の雰囲気《ふんいき》で一緒《いっしょ》にいじめてしまった、という場合は、すでにこの時点で、たいてい深く反省しているので、基本的には、注意と相手への謝罪のみでよしとする。

あははは
上履きも
隠しちゃおーか

君は遊びのつもりかもしれないが
でも相手は深く傷ついているんだよ
君が何人もの友達から囲まれて、お金を取られたら
どんな気持ちになる？
いじめの苦しみは君が思っているよりとってもつらいものなんだよ
……すみませんでした。もうしません
ちゃんと本人に謝《あやま》りに行けるかい？
はい

②わざとやっている、悪質な場合

相手が、傷ついているとわかって、わざとやっている場合、事実を認めても、なお、ふてくされている、反省の色が見えない場合。いじめを繰《く》り返《かえ》している場合。いじめが悪質な場合。

こういう場合は、たいてい、いじめている本人も、どこか別のところで、逆に被害《ひがい》にあっています。先輩《せんぱい》からいじめられているとか、親から放置されていたり、暴力を受けていたり……。そういう場合は、

「もしかして、君も、どこかで、つらい目にあっているんじゃないか。そうでなければ、君のような、本当はいいやつが、こんなこと、するはずがない」

と聞いてみる。そして、もし、何かつらい被害体験《ひがいたいけん》を話しだしたら、しっかりそれを聞く。そして、

「それはつらかっただろう、よくがまんしてきたね」

と、じゅうぶんに共感する。そのうえで、

「君の事情はわかった。それはそれで、何とかしよう。ただ、だからと言って、そのつら

い気持ちを、ほかの子にぶつけるのは間違《まちが》っているよね。だから、それについては、きちんと謝《あやま》りに行こう」と話をする。

ここまで、きちんと対応すれば、たいてい、子どもは、素直に謝《あやま》りに行きます。

×いじめている本人を厳罰《げんばつ》に処するだけでは解決しない

コイツ……全然反省しとらんな
あいつら……しめてやる……。
……
反省するまで自宅謹慎《じたくきんしん》だぁー!!
こういうやつはこらしめないと!
ちっ
職員会議――
いじめた者は即《そく》停学に!!
厳しくしないと繰《く》り返《かえ》します!!
たいてい家庭にも問題がありますから
母親に対しても厳しく指導しなければなりません!!

あいつらチクリやがったな……
……
反省の色が見えないな
いじめはよくないけれど、君だって本当は悪いヤツじゃないって思ってるよ
えっ……
そんな君がこんなことをするなんてもしかして、君もどこかでイヤな目にあっているんじゃないのか?
そうでなきゃ、君みたいなやつがこんなことをするはずがないよ
……
だって、オレだってずっと先輩《せんぱい》からやられてきたんだし……
一年のくせにナマイキなんだよっ!
ボコ
ボコ
!

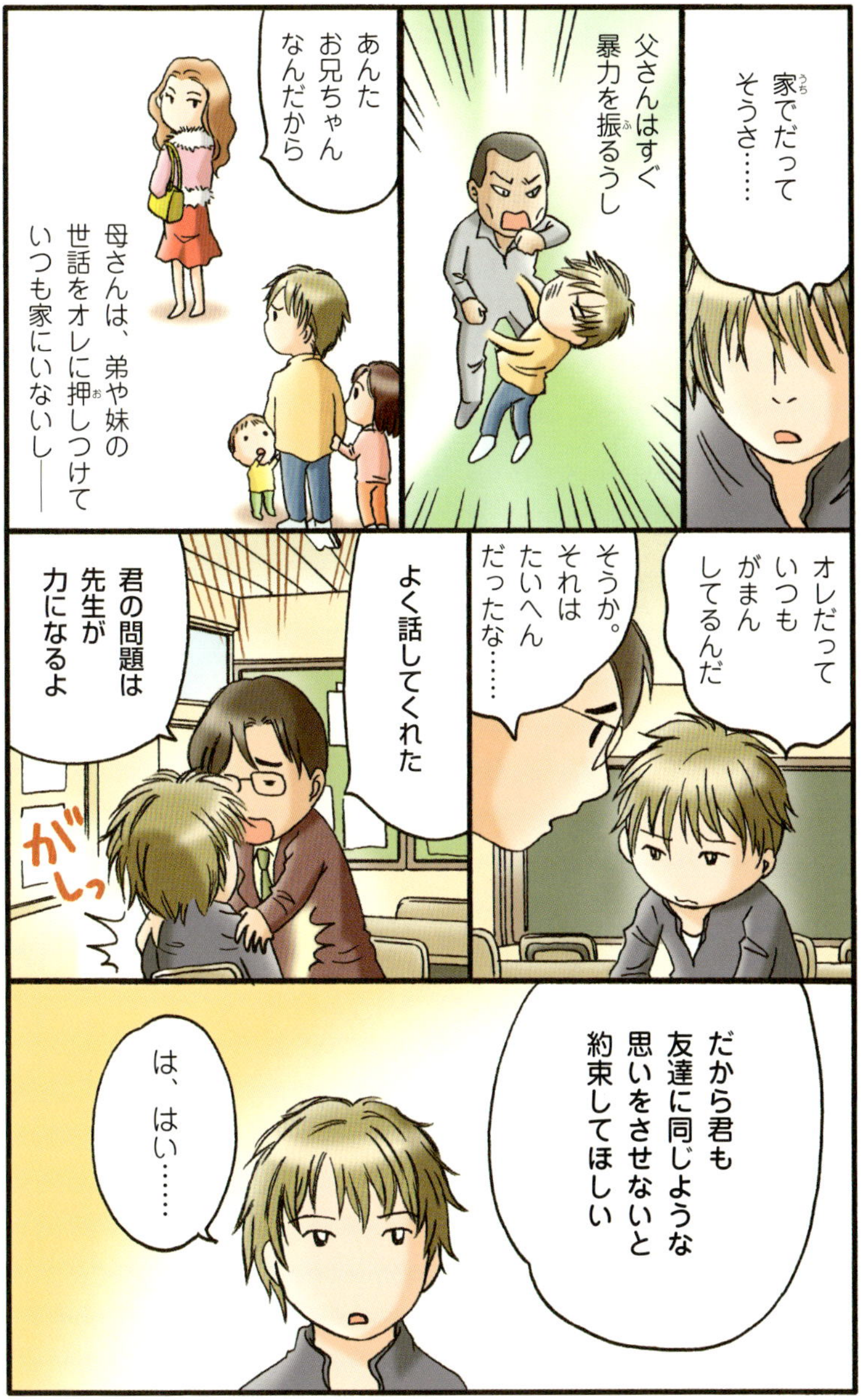
家《うち》でだって
そうさ……
父さんはすぐ暴力を振《ふ》るうし
あんたお兄ちゃんなんだから
母さんは、弟や妹の世話をオレに押《お》しつけていつも家にいないし——
オレだっていつもがまんしてるんだ
そうか。それはたいへんだったな……
よく話してくれた
がしっ
君の問題は先生が力になるよ
だから君も友達に同じような思いをさせないと約束してほしい
は、はい……

(7) いじめた子の親に話をする

①の「軽い気持ちで、やった場合」は、事実を伝えるだけでよいですが、②の「わざとやっている、悪質な場合」で、家庭に何か要因があるときは、親への対応も少し難しいです。

事実はありのままに伝えなければなりませんが、頭ごなしに親を責めてはいけません。たいてい、親も、いっぱいいっぱいになっている場合が多いので、子どもの長所もじゅうぶん認めながら、親の苦労もじゅうぶんねぎらいながら、しかし、相手の子が、とても、傷ついたことは事実なので、それについては、きちんと親子で謝罪に行ってほしいと話をする。

そのうえで、いじめた本人も、いろいろとつらいことがあったと思うし、これからはしっかり話を聞いてやってほしい、そして本人のことを、今まで以上に、大切にしてやってほしい、と話をする。

ごめんください
え、タケシの先生？
実は今回、学校でこういういじめがありまして、タケシ君も自分がやったと認めました
またタケシがっ……
私の目が行き届かなくてこういうことになり……
申し訳ありませんでした
あ、はあ……
そのことで彼といろいろ話をしたのですが、彼自身もつらい思いをしていることがわかりました
部活の先輩《せんぱい》からかなりひどいことをされていたみたいです
それについては顧問《こもん》の先生と相談して二度とないようにしていきます。
こちらもその辺よく見てなくてすみませんでした
あっ いえ……

その後、彼こんなことも言っていたんですが、彼だけから聞いたことなんで、実際はどうかわからないんですが……
お父さんからよく叱《しか》られる……
――時にはたたかれることもあると
まあそれは彼が悪いことをしたからで、親御《おやご》さんとしては当然だと思いますが
ほっ
でもやっぱり彼としては、たたかれるのはイヤみたいなんです。もしかしたらそれもストレスになっているかもしれません
――確かにちょっとひどいこともあるのよねぇ……
また、お母さんがお仕事で家にいないときに、下の子の面倒《めんどう》を見たりするのも負担になったりするみたいなんです
えっ
そりゃあ私だって一緒《いっしょ》にいられたらいいですけど、仕事を休むわけにはいかないじゃないですか！

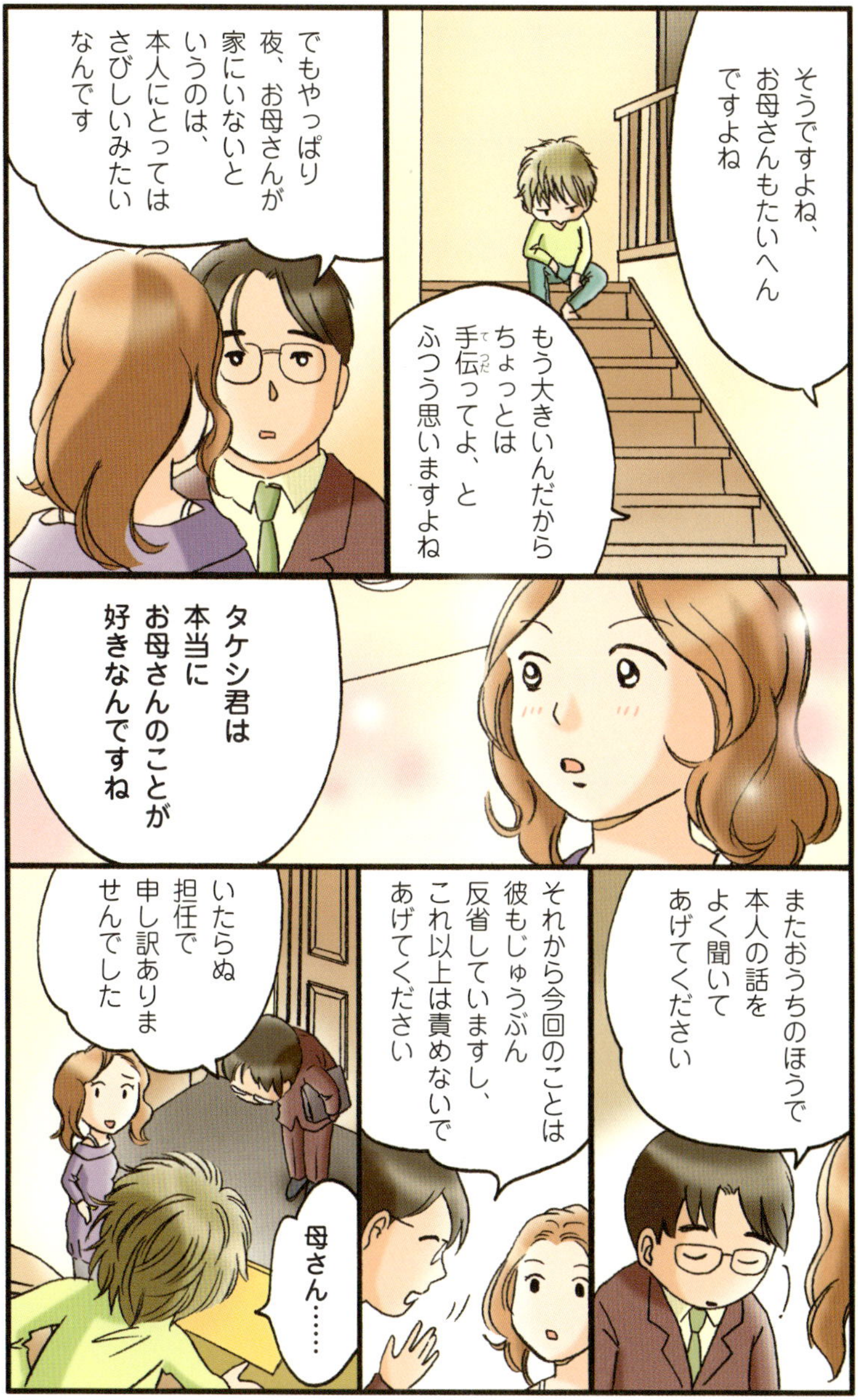
そうですよね、お母さんもたいへんですよね
もう大きいんだからちょっとは手伝《てつだ》ってよ、とふつう思いますよね
でもやっぱり夜、お母さんが家にいないというのは、本人にとってはさびしいみたいなんです
タケシ君は本当にお母さんのことが好きなんですね
またおうちのほうで本人の話をよく聞いてあげてください
それから今回のことは彼もじゅうぶん反省していますし、これ以上は責めないであげてください
母さん……
いたらぬ担任で申し訳ありませんでした

(8) 謝罪

「いじめを受けた人には、カウンセリングが必要だ」と、よく言われます。

しかし、いじめを受けた人に、最も必要なのはカウンセリングではありません。

いじめた人の、心からの謝罪と、もう二度としないという約束です。それこそが、いじめによる心の傷を回復させるいちばんの薬なのです。

この謝罪を、いじめを受けた本人と親の望む形で行う。これがあって初めて、いじめの対応として完結したものになるのです。

以上、現実には、状況《じょうきょう》に応じて対応を変えなければならないことも多いですし、そんなにマニュアルどおりにうまくいくものでもありませんが、基本はこの手順だと考えていま

いじめによる心の傷を回復させるいちばんの薬は、いじめた人の、心からの謝罪と二度としないという約束です

す。いじめに限らず、万引きでも、子どもが悪いことをした場合は、基本的には、こういう対応が必要です。

要するに、事実は、きちんと認めさせる。じゅうぶんな裏づけをとって、決して言《い》い逃《のが》れはさせない。そしてきちんと謝罪をさせる。でも、事実を認めたら、悪いことをした本人の事情をじゅうぶん、酌《く》んでやり、それ以上は罰《ばっ》しない。そして、すべて、子どもの心の危機のサインだと理解して、今まで以上に、目をかけていく。

これだけのことをするのは、ただでさえ忙《いそが》しい担任の先生には、たいへんな労力を伴《ともな》います。ですから、学校全体で、じゅうぶんなサポート態勢《たいせい》をとる必要があると思います。ただ、学校としては、一日や二日、授業をつぶしてでもやる必要のあることだし、やる価値のあることだと私は思います。

それは、いじめられた子にとってはもちろんですが、
その親にも、
また、いじめた子にとっても、その親にも、
もしかすると、先生にとっても、学校にとっても、
大きな収穫《しゅうかく》を生むことになるからです。

16

生徒同士の トラブルの背景に、子どもの家庭の事情が関係していることがあります

んっもー!!
うちでは いっつも
ワタシがいちばん
最後なのよねー

あるとき1人の女生徒が、担任の先生の所に、最近、部活の同級生のグループから、無視されたりいじめを受けている、と相談に来ました
先生
先生は、この子の訴《うった》えを真剣《しんけん》に受け止め、グループの皆《みな》を呼びました
彼女を、最近、無視しているそうじゃないか。彼女はとても傷ついていたよ。
これはいじめじゃないか？
ちゃんと仲間に入れてあげてくれ
……
それから間もなく
田中先生ちょっといいですか
あのグループの子どもたちが私に泣いて訴《うった》えてきたんですよ
えっ！
この間、部活の練習が終わってからのことなんですけどね

私たち、決して彼女を無視してるわけじゃないんです
でも彼女、とても扱《あつか》いにくい子なんです
何でも、自分が中心じゃないと気がすまないんです
この間だってね。2人で遊びに行っただけで
後ですごいやきもちをやかれてたいへんだったんだよね
ちょっと否定するようなことを言うと、すぐプンプン怒《おこ》るし……
すごく気を遣《つか》う子なんです
だからだんだん彼女抜《ぬ》きで行動するようになっていたら、
彼女に見つかっちゃって。
それで先生に呼ばれて注意されて……
確かにあの子を呼ばなかったのは悪かったけど、私たちの気持ちもわかってほしいんです
わあっ
というわけなんです
そ、そうだったんですか……

学校現場ではよくあるケースですが、いったい、どのように解決したらよいでしょう。

彼女を、もう一度呼んで
君も、友達に対してかなりわがままにしているそうじゃないか。君も悪いところがあるんじゃないか
と説得するでしょうか

それとも、3人を呼んで
君たちの悩《なや》みはわかったが、彼女は、今、苦しんでいるんだから、もう少し辛抱《しんぼう》してつきあってあげてくれ
と言うでしょうか

担任の先生は、この子の気持ちを、もう少し時間をかけて聞いてみました。すると、彼女は、友人への不満をひとしきり語ったあと、言いました。

「家でも、弟、妹が、わがままばかり言っているのに、怒《おこ》られるのは私ばかり。何かあると、『あんたはお姉ちゃんじゃないの』と言われる。お母さんは、弟や妹たちの面倒《めんどう》は見るけど、私のことはちっとも見てくれない」

彼女は、長女で、もともと聞き分けのよい子でした。弟妹は逆に、手がかかる子で、母親の関心はつい下の子へ向かいました。この子は、それがおもしろくなくて、わざと反発するような態度をとると、親にひどく叱《しか》られました。

こんな悪《あく》循《じゅん》環《かん》のあと、彼女は、結局、何も言えなくなってしまっていました。

親にかまってもらいたい気持ちが、満たされぬまま、思春期《ししゅんき》になった彼女は、それを、友達関係に向け、甘《あま》えたい気持ち、かまってもらえない怒《いか》りを、すべて友人に向けていたのです。

そこで、彼女の了承《りょうしょう》を得たうえで、母親に来てもらい、いきさつを説明し、子どもの気持ちを伝えました。幸い、母親も、理解のある人で、思い当たるところもあり、この子に、もう少し関《かか》わることを約束してくれました。その後、彼女の対人関係は、少しずつ落ち着きが見られるようになったのです。

生徒同士の対人関係のトラブルも、その背景に、家庭での葛藤《かっとう》があることがあります。子どもの気持ちの奥《おく》にあるものを、キャッチして対応すると、案外、すんなり解決することがあるように思います。

17

不登校は、
怠《なま》け、わがままではなく、
心身の正常な反《はん》応《のう》であり、
「心のサーモスタット」が作動した状態

「不登校」という現象自体、私は決して、マイナスばかりとは思っていません。確かに、学業や進学の面で、不利な面があることは否《いな》めませんが、それ以上に大切なものを与《あた》えてくれることがあるのです。

私は、不登校を**「心のサーモスタット」が作動した状態**、と表現することがあります。

電気こたつや、ヒーターなどには、サーモスタットというものがあります。

サーモスタット
温度がある一定以上になると、自動的にスイッチが切れ、温度を下げます
あ、切れた
カチ
暑い暑い
そして温度がある一定以下になると、またスイッチが入ります
あ、ついた
カチ
寒い寒い

もし、サーモスタットが動かなかったら……。

ですから、サーモスタットが正常に作動する、ということは、機械にとって、あるいは、家にとって、とても大切なことなのです。

私たちの心や身体にも、サーモスタットというものがあります。あまりに心身の過労が続いた場合は、微熱《びねつ》が出たり、全身がだるくなったり、うつや不安という症状《しょうじょう》を出して、心身の休養を求めてきます。それによって、私たちは、心身がそれ以上ダメージを受けるのを防いでいるのです。

学校へ行けなくなった、というのも、子どもの心の疲《つか》れが、ある限度を超《こ》えてしまったために、心のサーモスタットが作動して、学校へ行けないようにしているのです。それによって、それ以上、心が壊《こわ》れていくのを防いでいるのです。

そういう意味では、学校へ行けない、という反応《はんのう》は、子どもの状態からすると、自然な、正常な反応《はんのう》です。むしろ、そういう自然な反応《はんのう》ができない状態、ひどいいじめを受け続けているのに、それでも学校へ行き続ける、とか、心身が過労状態にあるのに、一種の麻痺《まひ》状態《じょうたい》で学校に行き続けることのほうが、医学的には心配なことがあるのです。

実際、不登校の子どもさんを、われわれ精神科医が診察《しんさつ》すると、親御《おやご》さんの心配に比べて、精神科的には、そんなに重くはない、という印象を持っています。

高校の卒業式が終わった翌日から、激しい家庭内暴力とともに摂食障害《せっしょくしょうがい》を発症《はっしょう》した、ある18歳の女性は、後《のち》に、「私は不登校さえもできなかった」と語りました。

ですから、学校へ行きたくない、と言いだしたら、子どものＳＯＳを示すサインとして、大切にしなければなりません。
サーモスタットが働いて、スイッチが切れたのに、「どうして切れるんだ」と怒《おこ》って、
むりやり電流を流し続けたらどうなるでしょうか。

どうしても学校に行けない、という子どもを、怠《なま》けやわがままとしか考えず、強制や、威嚇《いかく》で行かせ続けたら、どうなるでしょう。

どうしても学校に行けない
なんて
わがままな……
夏——
ぐいぐい
休むなんてダメ!!
冬——
絶対休んじゃダメー!!
ずるずる
心の健康という、もっと大切なものを失ってしまう可能性もあるのです
開けなさーい

また、子どもの不登校は、家族内のコミュニケーションがうまくいっていない反応《はんのう》として出てくることもあります。家族の一人が専制君主のように振《ふ》る舞《ま》っていて、周囲みんながビクビクがまんしている、とか、家族の中でケンカが絶《た》えない、など。そういう家族内でのストレスのしわ寄せが、いちばん弱い子どもに出てくることがあります。

その場合は、不登校をきっかけとして、家族の関係を見直すことで、子どもだけでなく、家族みんなが楽になることもあります。

確かに……
こんなケンカばかりの家では気がめいっちゃうよなぁ
ちょっと厳《きび》しくどなってばっかりだったなぁ……
私もいつもカリカリしてあの子に当たってばかりだったわ
……ワシも
あんたらの子育てに口出ししすぎていたかもしれん

その意味で、不登校というのは、決してマイナスばかりではなく、人間にとって最も大切な、健康とか、家族の絆《きずな》、といったものを取《と》り戻《もど》してくれる、豊かな恵《めぐ》みを持ったものでもあるのです。

実際、子どもの不登校を経験した家族が、振《ふ》り返《かえ》って、

「この子が、不登校をしてくれたおかげで……」

と、語る例は、決して少なくありません。

子どもへの不満やいらだちが、いつしか、子どもへの感謝に転じているのです。

読者の皆さんから寄せられた質問にお答えします

Q1

「子どもを信じることが大切だ」といわれますが、理解できない言動が多く、どうすればいいかわかりません

子どもの非行や犯罪がマスコミやテレビで報道されると、決まって出されるのは、子どもに対する否定的な意見です
今の子どもはしつけがなっていない！
忍耐力《にんたいりょく》がなくなっているのでは
自己チューな子が増えていますね
そういう意見の何が問題かというと、一言でいうと、
子どもを信じていない、ということです
やはり私はまず、子どもを信じることから始まるのではないかと思います
ただ、子どもが、大人にとって都合のよい行動をしているときには、そんなに信じることは、難しいことではありません
ところが、子どもが、大人にとって都合の悪い行動をしてきたとき、それでも信じることはなかなか難しいことです
あっ
さっ
うざいよババア！
いったいこの子はどうしちゃったのかしら

ここで「子どもを信じる」というのは
頭が痛いから学校休む
だって、検査では何ともなかったじゃない！
たとえ子どもが心配な行動や症状《しょうじょう》を出してきたときでも
何の理由もなしに、この子がこんなことをするはずがない、この子がこんなことをするのは、絶対にそれだけの理由があるはずだ、と信じる、ということです
学校へ行くのが怖《こわ》いよう
今日もいじめられるし
だけどそんなこと親に言えないし……

これは、子どもがウソをつかない、ということとは違《ちが》います
筆箱、何でこんなに壊《こわ》れてるの？
あ、ああそれ、落としちゃったから……
子どもはよくウソをつきます
これは……？
ん、ちょっとふざけてたから……
友達にやられたなんて言えないよ
そういうときも、ウソをつくにはそれだけの理由が必ずある、と信じる、ということなのです
確かに、そのときにはその理由が何なのか、わからないときもあります
おなか痛い！
どうしてこの子はこんなことばかり言うんだろう
でもこの子がこれだけ言うからには、何か本当につらいことがあるのね。わかったわ
じゃあ休もうか
大人に信じてもらった子どもは、必ず信じられる子になる
信じ合える親子関係が育《はぐ》まれていく、ということです

Q2

どうして、死んではいけないの？

私は、ひどいいじめにあっていて、死にたいと思っています。
でも、周りの人は、死んじゃだめだと言います。
どうして死んではいけないのでしょうか。

いじめを受けて、死にたいくらい、つらいんですね。そんな中、よく今まで耐《た》えてきたと思います。よく、「いじめくらいで死ぬな」と言う人がいますが、いじめは、時として、死を考えてしまうくらい、本当につらいものだ、と、私は思います。

しかし、それでも、やはり、死んでもいいよ、とは言えません。なぜなら、まず、あなたが死んだときに、最も悲しむのは、あなたの親だからです。

あなたが死んだとき、最もつらい思いをするのは、あなたをいじめた人ではなく、あなたの親です。

なぜなら、親は、間違《まちが》いなく自分を責めるからです。

「自分が気がついてやれなかったから」

「自分が助けてやれなかったから」……。

あなた自身は、親には非はない、と思っていても、あなたが死ねば、親は必ず自分を責めます。そして、それは一生続きます。

ですから、**子どもを自殺で失った親には、もう一生、その苦しみから離《はな》れ切《き》ることはない、**と言ってもいいのです。

私が助けてやれなかったんだわ
ごめんねごめんね
私があのとき、ちゃんと話を聞いてやれば……
少しは食べないと体に悪いぞ
また眠《ねむ》れないのか？
私のせいで……
シクシク
30年後――
あの日のままだなぁ……

あなたが今、いじめを受けていることの結果が、
あなたの命を奪《うば》い、親をも、不幸のどん底に突《つ》き落《お》とす、
そんな取り返しのつかないことになっていいはずがありません。

死ぬ以外にも、必ず解決の方法はあります。
学校に行かなくてもかまいません。
フリースペースなど、学校以外にも、
安心して友達ができる居場所もあります。
家出をしてもいいのです。
今の苦しみから逃《のが》れる方法は必ずあります。

ですから、その方法を、
身近な相談できる人に話をして、
考えてほしいと思うのです。

Q3

生きることに疲《つか》れてしまいました。
早く死んで楽になりたい
と思うのですが、
こういう考え方はよくないのでしょうか

最近、10代の子どもで、「生きることに疲《つか》れた」という相談をよく受けます。「まだ10代で偉《えら》そうな。生意気言うな」と思う人もあるでしょうが、私は、そうは思いません。

そう言うからには、やはり本当に疲《つか》れているのだと思います。たいてい、人一倍、周りに気を遣《つか》う子に多いです。それで、疲《つか》れ果《は》ててしまったのだと思います。

ですから、そういうときは、しばらく、いろんなことを棚上《たなあ》げにして、しっかり休んではどうかと思います。

ただ、そのために、死ぬ、という考え方には賛成できません。

「死んで楽になりたい」と言われていますが、本当に死んだら、楽になれるのでしょうか。

今から二千六百年前に、仏教を教えられたお釈迦《しゃか》さまは、次のような説話を残されています。

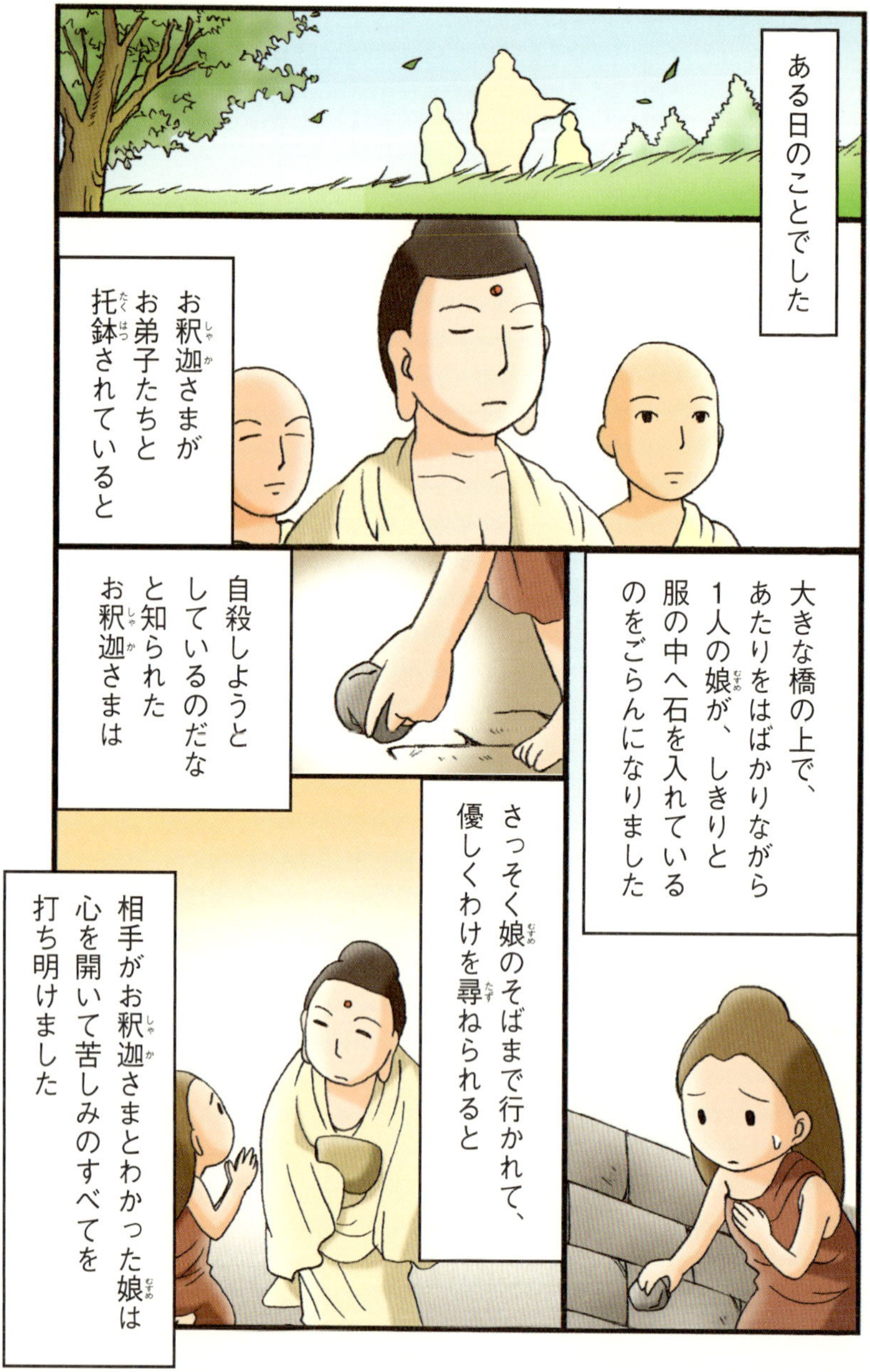
ある日のことでした
お釈迦《しゃか》さまがお弟子たちと托鉢《たくはつ》されていると
大きな橋の上で、あたりをはばかりながら1人の娘《むすめ》が、しきりと服の中へ石を入れているのをごらんになりました
自殺しようとしているのだなと知られたお釈迦《しゃか》さまは
さっそく娘《むすめ》のそばまで行かれて、優しくわけを尋《たず》ねられると
相手がお釈迦《しゃか》さまとわかった娘《むすめ》は心を開いて苦しみのすべてを打ち明けました

お恥《は》ずかしいことですが、
私はある人を愛しましたが、
捨てられてしまいました
世間の目は冷たく、
やがて生まれてくる
おなかの子どもの
将来を考えますと
いっそ
死んだほうが
どんなに
ましだろうと
苦しみます
こんな私をあわれに
思われましたら
どうかこのまま
死なせてください

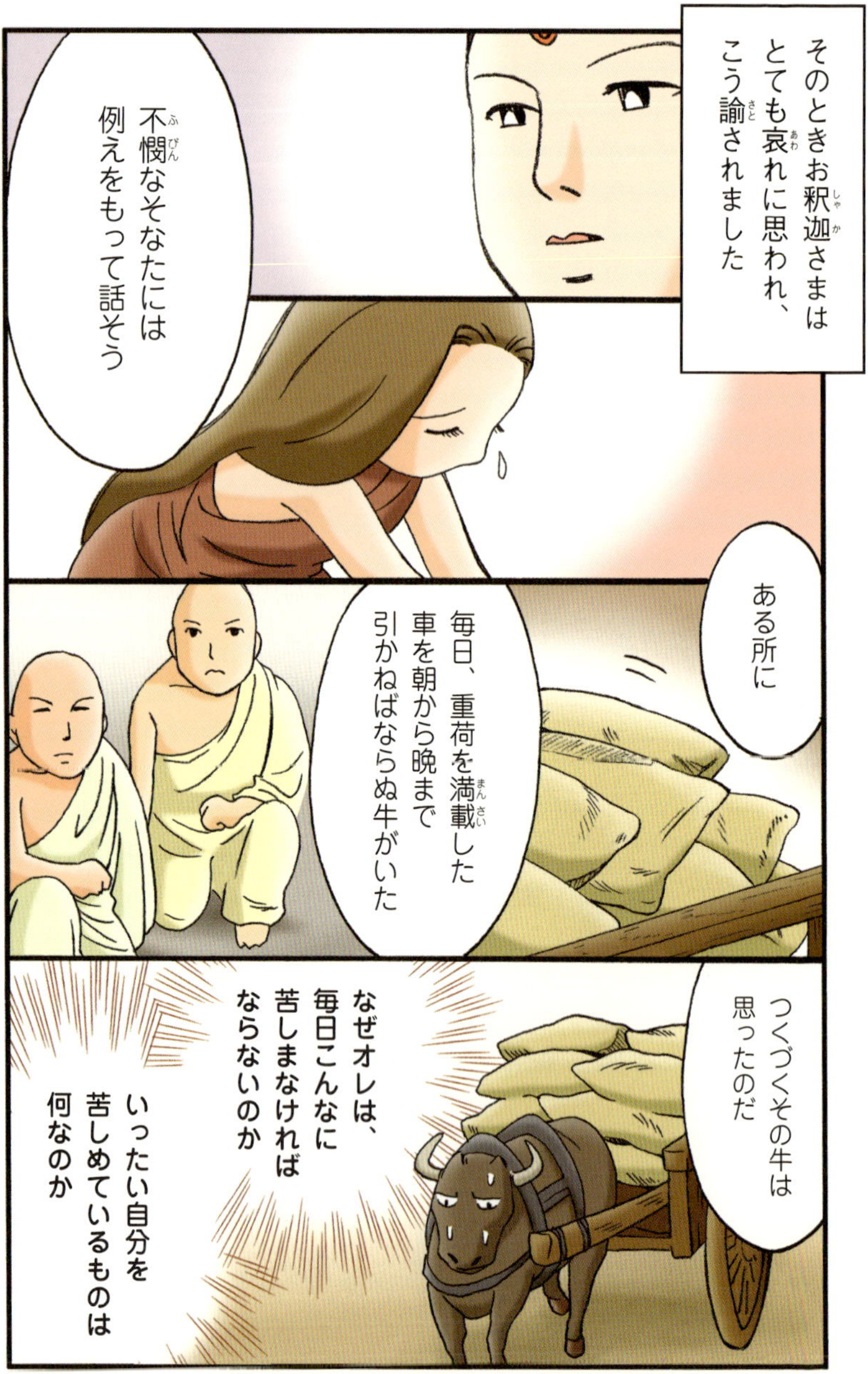
そのときお釈迦《しゃか》さまはとても哀《あわ》れに思われ、こう諭《さと》されました
不憫《ふびん》なそなたには例えをもって話そう
ある所に
毎日、重荷を満載《まんさい》した車を朝から晩まで引かねばならぬ牛がいた
つくづくその牛は思ったのだ
なぜオレは、毎日こんなに苦しまなければならないのか
いったい自分を苦しめているものは何なのか

そうだ！
オレを苦しめているのは間違《ちが》いなくこの車だ
この車さえなければオレはこんなに苦しまなくてもよいのだ
この車を壊《こわ》そう
そしてある日
牛は猛然《もうぜん》と走って、大きな石に車を打ち当て
木《こ》っ端《ぱ》微《み》塵《じん》に壊《こわ》してしまったのだ
それを知った飼い主は、驚《おどろ》いた

こんな乱暴な牛には、よほど頑丈《がんじょう》な車でなければまた壊《こわ》される
飼い主はやがて今までの何十倍の重さの鋼鉄製の車を造ってきたのだ
その車に満載《まんさい》した重荷を、今までのように毎日引かせられ
以前の何百倍も苦しむようになった牛は
再び壊《こわ》すこともできず、深く後悔《こうかい》したが
後の祭りであったのだ

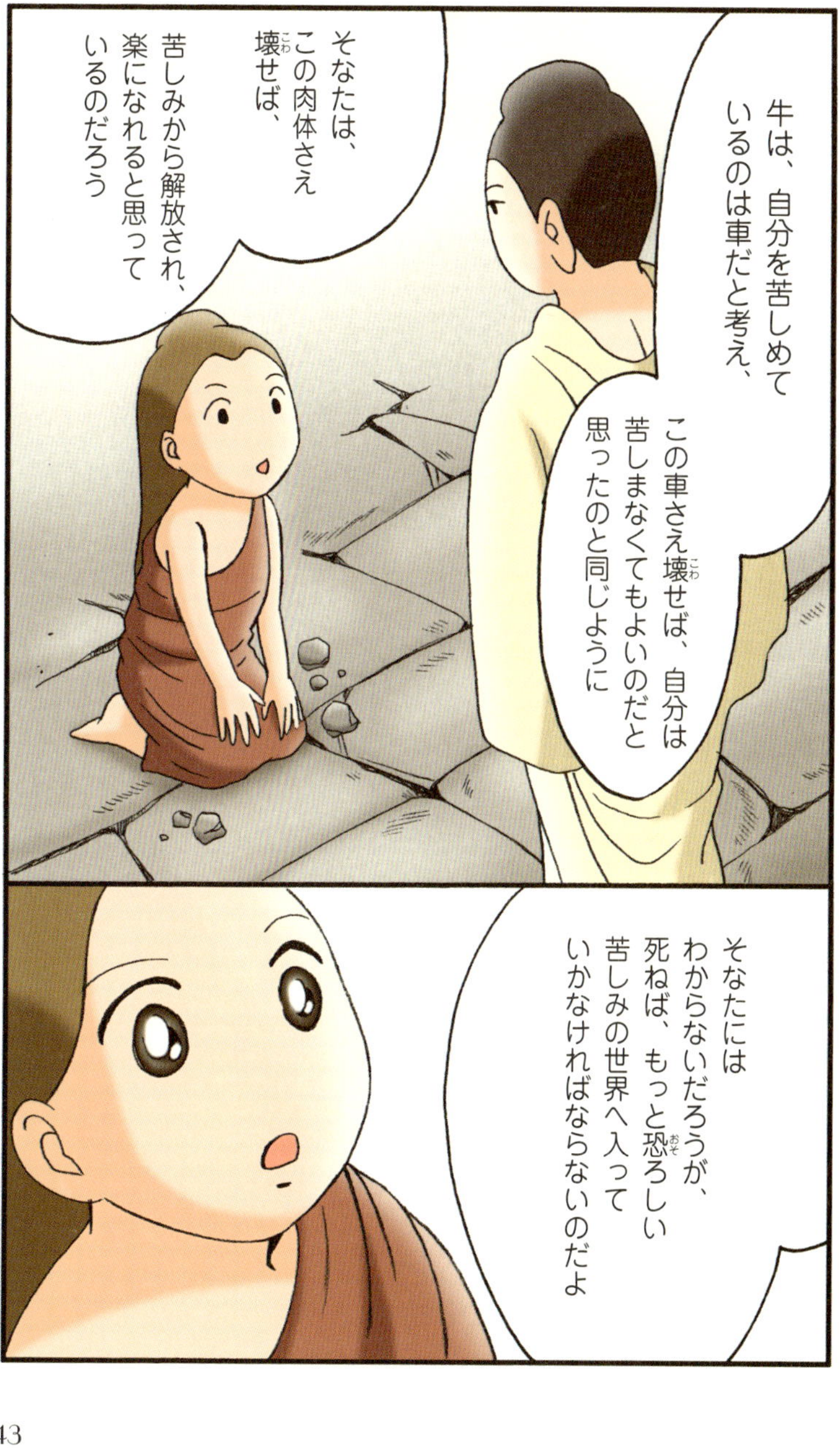
牛は、自分を苦しめているのは車だと考え、
この車さえ壊《こわ》せば、自分は苦しまなくてもよいのだと思ったのと同じように
そなたは、この肉体さえ壊《こわ》せば、苦しみから解放され、楽になれると思っているのだろう
そなたにはわからないだろうが、死ねば、もっと恐《おそ》ろしい苦しみの世界へ入っていかなければならないのだよ

その苦しみは、この世のどんな苦しみよりも大きくて深い苦しみである
そなたは、その大きな苦しみの世界を知らないのだ
そしてお釈迦《しゃか》さまは、すべての人に、後生に一大事のあることを、諄々《じゅんじゅん》と話されたのです
お釈迦《しゃか》さまの説法を聞いた娘《むすめ》は、自分の愚かな考えを深く後悔《こうかい》し、仏教を真剣《しんけん》に聞くようになり、幸せな生涯《しょうがい》を生き抜《ぬ》いた、といわれています

そしてお釈迦《しゃか》さまは、
「この世、苦しみのままで死ねば、必ず死んだ後も苦しみである。未来、幸せになろうと思うなら、この世から幸せの身にならねばならない」
と説かれたのです。

「死んだら楽になる」と言う人がありますが、もし本当にそうなら、自殺をする人のほうが賢《かしこ》いことになってしまいます。そんなことはありえません。

「死にたい」という思いが出てきたときには、このお釈迦《しゃか》さまの説話を思い起こしてほしいと思います。

死ななくても、楽になる、幸せになる道は必ずあります。どうかそこまで、生きていてほしいと思います。

Q4

死んでリセットすれば、また最初からやり直せるのでしょうか

私は、人間は、死んでも、また生まれ変われると信じています。ですから、人生、失敗したと思ったら、いったん、死んでリセットすれば、また最初からやり直せるのではないでしょうか。「輪《りん》廻《ね》転《てん》生《しょう》」という言葉を聞いたことがありますが、そういう意味ではないのでしょうか。

「輪廻転生《りんねてんしょう》」というのは、仏教の言葉です。

確かにお釈迦《しゃか》さまは、人間死んでも生まれ変わって、別の生《しょう》を受けていく、と教えられました。

しかし、それは、すぐ人間に生まれ変わる、ということではありません。

「六道輪廻《ろくどうりんね》」ともいいますが、さまざまな生命のかたちを受けていく、と説かれています。

これについて、次のような話が残されています。

今日《こんにち》、盲亀浮木《もうきふぼく》の例えといわれているものです。

あるとき、お釈迦《しゃか》さまが阿難《あなん》というお弟子に
そなたは人間に生まれたことをどのように思っているか
と尋《たず》ねられました
たいへん喜んでおります
そのときお釈迦《しゃか》さまは次のような話をされています

果《は》てしなく広がる海の底に、目の見えない亀《かめ》がいる
その亀《かめ》が100年に1度海面に顔を出すのだ
広い海には1本の丸太ん棒が浮いている
丸太ん棒の真ん中には小さな穴がある
その丸太ん棒は、風のまにまに、西へ東へ南へ北へと漂《ただよ》っているのだ

阿難《あなん》よ。100年に1度浮《う》かび上《あ》がるこの亀《かめ》が
浮《う》かび上《あ》がった拍子《ひょうし》に丸太ん棒の穴に
ひょいと頭を入れることがあると思うか
お釈迦《しゃか》さま。そんなことはとても考えられません
絶対にないと言い切れるか
何億年掛《か》ける何億年何兆年掛《か》ける何兆年の間には、
ひょっと頭を入れることがあるかもしれませんが
無いと言ってもよいくらい難しいことです

ところが阿難《あなん》よ。私たちが人間に生まれることは、この亀《かめ》が丸太ん棒の穴に首を入れることが有るよりも、難しいことなんだ
有《あ》り難《がた》いことなんだよ
「有《あ》り難《がた》い」とは「有ることが難《かた》い」ということで
めったにないことをいいます
人間に生まれることは、それほど喜ばなければならないことだと、お釈迦《しゃか》さまは教えられているのです

ですから、一度死ねば、今度、いつ人間に生まれられるかわかりません。
次のような有名な言葉があります。

**「人身《じんしん》受《う》け難《がた》し、今すでに受く。
仏法《ぶっぽう》聞《き》き難《がた》し、今すでに聞く。
この身今生《こんじょう》に向かって度《ど》せずんば、
さらにいずれの生《しょう》に向かってか、この身を度《ど》せん」**

「生《う》まれ難《がた》い人間に生まれてよかった。聞《き》き難《がた》い仏教を聞けてよかった。
今、迷い苦しみの世界から離《はな》れなければ、いつできるというのか。
永遠のチャンスは、今しかない」

お釈迦《しゃか》さまは、
六道《ろくどう》（苦しみ悩《なや》みの世界）から離《はな》れて、本当の幸せになれるのは、人間に生まれて仏教を聞いてこそなんだ。だから、人の命はかけがえのないものだ。

人間の命は地球よりも重いんだ、だから、命は何よりも大切にしなければならないんだ、と説かれているのです。

Q5

子どもが、いじめの
被害《ひがい》を受けないために、
親として、どういうことに
気をつければよいでしょうか？

子どもが、いじめの泥沼《どろぬま》に陥《おちい》らないために、親や周囲ができることは、以下のとおりです。

(1) ふだんから、子どもの自己評価を高めるような関《かか》わりをする。

体罰《たいばつ》や、子どもを否定するようなことを言ったり、やったりしない。

「おまえは人間のクズだ」

「おまえは何をやってもだめだ」

などの言葉はもちろん、
人と比較《ひかく》するような言葉、

「あの子は、あんなにいい子なのに」

「弟は、こんなに勉強がんばっているのに」

というようなことも言わない。

×

体罰《たいばつ》は、長期的に見ると、マイナス面が大きいことがわかってきています

×人と比較《ひかく》しない

お母さん手伝《てつだ》ってあげるー
まあありがとう
あなたは本当にいい子ねー
……それに引《ひ》き換《か》えお兄ちゃんは……
じろっ
はーっ
いとこたちは皆《みな》優秀《ゆうしゅう》でいい高校に入ったのよ
こんな成績取ってるのあなただけよ
お母さん恥《は》ずかしいわ

×子どもを否定しない

RRR
毎日ダラダラして
ほんっと！おまえは人間のクズだな
図書館から電話よ。本返してくださいって
しまった！
やっぱりおまえは何をやってもダメだなあ
自転車のブレーキが壊《こわ》れてた！工具どこー？
おまえなんかにできるはずないだろう
どれ、見せてみなさい

○なるべく「ありがとう」と言う

たいへん、たいへん!!
――あれ?
ばたばた
沸騰《ふっとう》してたから止めといたよ
あーよかった
ケンイチってよく気がきくわね
持っていってくれるの? ありがとう
助かるわ
自分の分だけね
お母さんがいつもがんばれるのは
ケンイチのおかげだよ!
そお?

(2) 何でも親に言える関係を作っておく。

(3) そのためには、子どもの話を聞き、子どもなりの努力を認め、信頼《しんらい》関係《かんけい》を築いておく。

(4) 注意や叱責《しっせき》の繰《く》り返《かえ》しは、ある程度の信頼関係《しんらいかんけい》を築いたうえでないと、効果がないばかりか、逆にコミュニケーションを断絶させる危険があることを知る。

(5) 子どもが親に話をしなくなったとき、どうすればいいか。

① 友達関係では、今までどおり、明るく話をしている場合は、思春期《ししゅんき》特有の親離《おやばな》れなので、そんなに心配ない。

②友達関係も乏《とぼ》しくなり、表情がいつも暗い、食欲がない、眠《ねむ》れない、などの場合は、いじめや何か深い悩《なや》みがあるのではないかと考えて、本人の話を聞く。

本人が言いたがらなければ、学校に出向いて、何かきっかけがないか聞く。

それでも理由がわからなければ、カウンセラー、医師などの専門家に相談する。

(6) もし子どもが何か相談してきたり、相談したそうなそぶりを見せたりしたときは、時をおかず、しっかり話を聞く。

×

そのときに、子どもに「おまえも悪いんだろう」とか、「おまえが弱いからいけないんだ」とか、「おまえの被害妄想《ひがいもうそう》じゃないか」と本人を責めたり、否定したりしない。

むしろ、「相談してくれてよかった」「言ってくれてありがとう」など、相談することがとてもよいことだった、というメッセージをしっかり伝える。

また、「嫌《いや》だったら自分で断《ことわ》れ」「自分のことは自分で解決しろ」と最初から言ってしまうのもよくありません。

自分でどうにもならないから相談しているのであって、そのように言うと、よけい無力感にとらわれ、二度と相談してこなくなります。

Q 6

うちの子どもは、
言うことは全然聞かないのに、
お金の要求は平気でしてきます。
どう対応したものでしょうか

子どもが、やるべきことをちっともせず、自分の都合のいいことだけ要求してくる、思《し》春《しゅん》期《き》の親には、付きものの悩《なや》みですね。

たしかに、自分の要望をかなえるためには、自分がやるべきことをちゃんとやってから、と教えることも大切です。しかし、「言うことを聞かない」のは、自立心の表れで、思《し》春《しゅん》期《き》には当然のことですし、お金は、まだ稼《かせ》ぐ能力はありませんから、必要なお金を要求してくるのも当然です。

ですから、お尋《たず》ねのような様子は、決して、悪い子だからなっているのではなく、思《し》春《しゅん》期《き》になったら、当然の状態ともいえるのではないでしょうか。

10代の子どもに、親の愛情を伝えるには、どうしたらよいでしょうか。抱きしめても、「気持ち悪い」と言われるだけですし、話もしてきません。

そういうときは、私は、**必要なお金や物を与《あた》える、ということも、一つの愛情表現**ではないかと思っています。

「平気でお金を要求してくる」ということは、求めれば、ちゃんと親はこたえてくれる、と信じているからこそ、出てくる行動です。そういう信《しん》頼《らい》関《かん》係《けい》がなければ、決して親に求めてきたりはしないでしょう。
お金で、子どもの歓心《かんしん》を買おうとするのは、間違《まちが》いですが、
必要なお金を渡《わた》すことは、子どもの信頼《しんらい》にこたえることだと思います。

×
ねえ、ちょっとひとっ走りしてトイレットペーパー買ってきてくれない?
えー嫌《いや》だよ。
これから友達と出かけるんだもん
それより友達と映画見に行く約束なんだ
お金ちょうだい
何言ってんのよ!
こっちの言うことも聞かないで、自分だけ要求したってダメよ!!
むかーっ
――ごめん。
今日急に行けなくなったんだ……
えー何でだよ

ねえ、ちょっとひとっ走りしてトイレットペーパー買ってきてくれない？
えー嫌《いや》だよ。
これから友達と出かけるんだもん
それより友達と映画見に行く約束なんだ
お金ちょうだい
んっもー!! 自分の要求だけはちゃっかりしてくるんだから
いくら？
あんたもちょっとは助けてね
はいはい。ありがとう
ワイワイ
楽しみだなーっ

Q7

不登校になった子どもに接するときに、家族として気をつけることは？

疲《つか》れている子どもを、これ以上疲《つか》れさせない。傷ついている子どもを、これ以上傷つけない

子どもが不登校になったら、まず必要なことは、「疲《つか》れている子どもを、これ以上疲《つか》れさせない。傷ついている子どもを、これ以上傷つけない」ということです。

不登校とは、学校に行かないのではなく、行けないのです。

本人自身も、どうして学校くらい行けないいんだろう、と悩《なや》んでいるし、行けない自分を情けないと思っています。でも、行けないのです。

それはなぜかというと、理由はどうであれ、とことん疲《つか》れているからです。傷ついているからです。

疲《つか》れているときに、まず必要なことは、ゆっくり休ませて、疲《つか》れを取る、ということです。傷ついているときに、まず必要なことは、傷をいやす、ということです。

40度の熱を出している人に、だれも「学校へ行け」とは言いません。
骨折して、痛みでうんうんうなっている人に「走れ」とは、だれも言いません。

ところが、こと不登校に関しては、疲《つか》れているのに、よけい疲《つか》れさせる、傷ついているのに、いやすどころか、よけい傷つける対応が後を絶《た》ちません。

根性がたるんでるだけよ！
そんな甘《あま》えは許さないわよ!!
やだよー！
学校くらい行けなくてどうするの！
そんな弱いんじゃ世の中でやっていけんぞ
はーっ
無言の責め苦
あんたは、家でごろごろしているから楽でいいわよね
……

これは、例えて言えば、40度の熱を出している人に、学校へ行けと言ったり、骨折している人に、走れ走れと言ったりするのに等しい行《こう》為《い》だ、ということをまず知ってもらいたいと思います。

ですから、どうしても学校に行けないとなったら、まずゆっくり休ませることが必要です。

そのときに、

「もっと○○したら?」
「どうして○○しないの?」
「いつになったら○○するの?」
「みんなは○○しているのに」

という言葉は、禁句です。

生きているだけで精いっぱいの本人に対して、このような言葉をかけるということは、今現在、生きていることさえ否定することになるからです。

×

もっと手伝《てつだ》ってよ。どうせヒマなんでしょ
どうして勉強しないの？
みんなから取り残されるわよ
朝よ。ねえ、いつになったら学校へ行くの？
みんなちゃんと行ってるのにねえ……
はーっ

また、行けない理由を聞くことにこだわる必要はありません。

最初は自分でもわからないことも多いですし、言葉で言えないこともあるからです。

まずは、
「こんなに疲《つか》れているのに、
よく○○していたね」
というような、現状を認める言葉をかける。
本人がごろごろしていても、何も言わない。
「おはよう」「おやすみ」というあいさつから始める。
そして、ちょっとでも家のために
何かしてくれたら、「ありがとう」と言葉をかける。

これらによって、

「家にいてもいいんだよ」

「みんなは決して責めていないよ」、と伝えるのです。

すると、子どもは、本当に安心して休むことができるようになり、傷をいやすことができるのです。

○現状を認める言葉をかける

おはよう、よく眠《ねむ》れた？
おはよう
わ、運んでくれるの？ありがとう
……
ただいまー！やー、すごい雨だった
えっ、洗濯物《せんたくもの》取《と》り込《こ》んでおいてくれたの⁉
よかったー
おかげで助かったわー

Q8

虐待《ぎゃくたい》を受けた人の、心の傷を治すには、どんなことが大切なのでしょうか？

暴力による虐待《ぎゃくたい》以外にも、ネグレクトといって、食事、衣服などの身の回りの世話をせず、存在を無視する、という虐待《ぎゃくたい》――
おなかすいた
ぐぅぅぅ
おまえなんか生まなきゃよかった
おまえはいらない子なんだよ
というような、言葉による虐待《ぎゃくたい》、最近、徐々《じょじょ》に存在が明るみに出ている性的虐待《せいてきぎゃくたい》などがあります
児童期に虐待《ぎゃくたい》を受けた子どもは極端《きょくたん》に自己評価が低くなります。それはなぜかというと
こんなにひどい扱《あつか》いを受けるのは、自分に価値がないからなんだ
――と子どもは思うからなんです

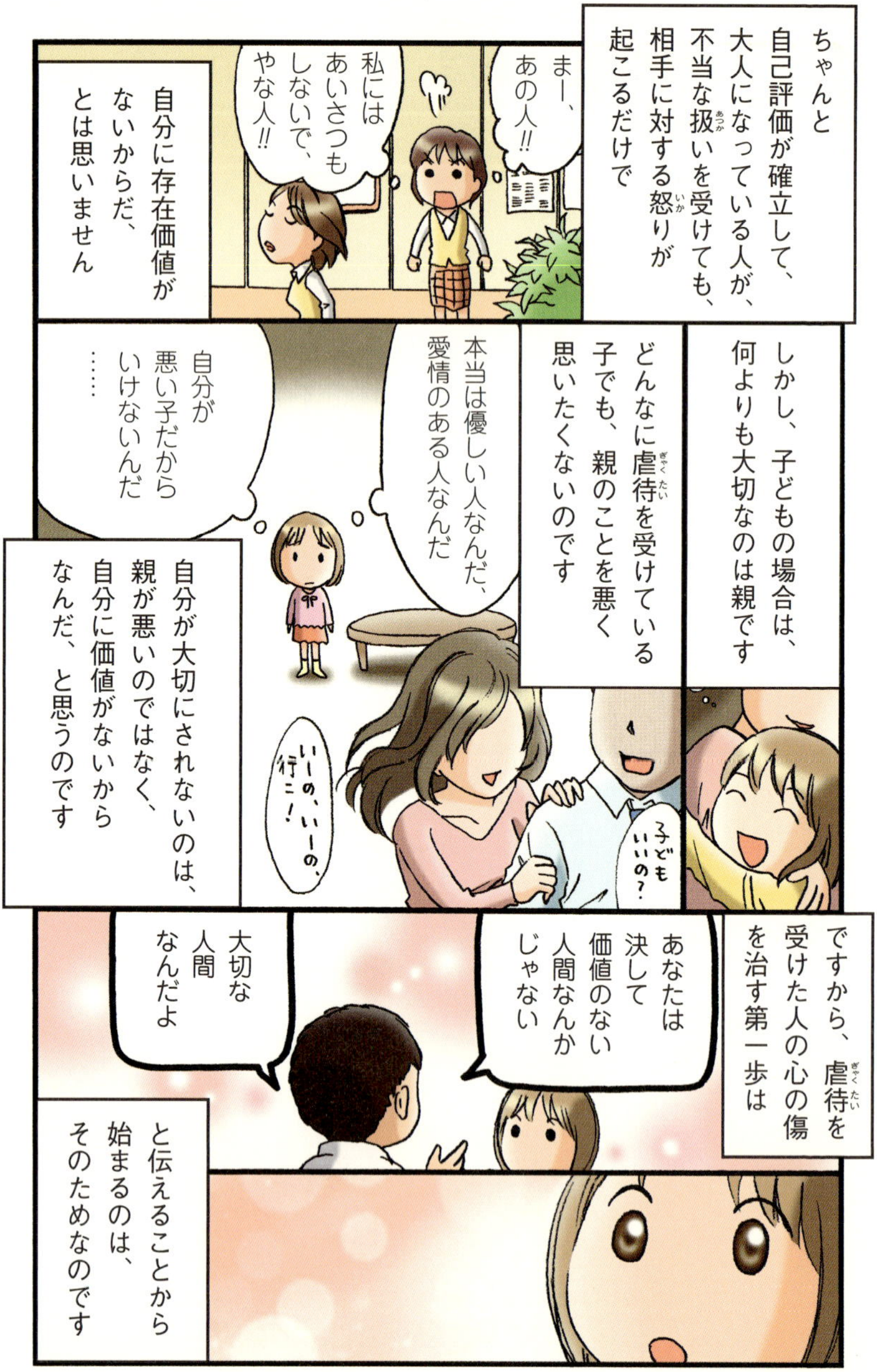
ちゃんと自己評価が確立して、大人になっている人が、不当な扱《あつか》いを受けても、相手に対する怒《いか》りが起こるだけで
まー、あの人!!
私にはあいさつもしないで、やな人!!
自分に存在価値がないからだ、とは思いません
しかし、子どもの場合は、何よりも大切なのは親です
どんなに虐《ぎゃく》待《たい》を受けている子でも、親のことを悪く思いたくないのです
本当は優しい人なんだ、愛情のある人なんだ
自分が悪い子だからいけないんだ……
子どもいいの?
いーの、いーの、行こ!
自分が大切にされないのは、親が悪いのではなく、自分に価値がないからなんだ、と思うのです
ですから、虐《ぎゃく》待《たい》を受けた人の心の傷を治す第一歩は
あなたは決して価値のない人間なんかじゃない
大切な人間なんだよ
と伝えることから始まるのは、そのためなのです

また、虐待《ぎゃくたい》とまではいかなくても、たとえば
おまえはクズだ。何の役にも立たないダメ人間だ
と言われ続けた人や、露骨《ろこつ》に差別されて、笑顔《えがお》一つ見せてもらえなかった、というような人も
自分を価値ある存在だと思えない、という点では、虐待《ぎゃくたい》を受けた人と同じ心のトラウマを抱えています
父親から暴力的なしつけを受けて
中学になってから、家庭内暴力でひどく荒《あ》れ始《はじ》めたという人もあります。
そういう子どもたちは、表面上は、親への復讐《ふくしゅう》という形を取りますが
心の奥底《おくそこ》にあるのは、悲しみだ、といいます
つまり、不当な扱《あつか》いをした親に対して怒《いか》って暴れる、というよりも
暴力を振《ふ》るわれ、踏《ふ》みにじられて当然の価値しかない、自分のみじめさ、悲しさ、絶望感から暴れるのです

Q9

高校生の娘《むすめ》が、不良とつきあい、外泊《がいはく》を繰《く》り返《かえ》しています。反《はん》抗《こう》ばかりして、言うことを聞きません

高校二年の女の子ですが、高校に入ってから、不良友達とつきあうようになり、しょっちゅう外泊《がいはく》しています。かと思うと、プイッと家に帰ってくるときもあります。しかし、どこへ行ってたの？と聞いても、一切答えず、しつこく聞くと、「うるせーんだよ」と怒《おこ》りだします。父親は、相当、頭にきていて、「あんなやつ、もう家に入れるな。一切、食事も洗《せん》濯《たく》もしてやるな」と言います。どうすればいいでしょうか。

女の子が、どこのだれともわからない人とつきあい、外泊《がいはく》を繰《く》り返《かえ》している、事情を聞こうとしても、まったく会話にならない、ということで、親子のコミュニケーションが断絶し、相当、心配な状況《じょうきょう》です。お母さんの不安もわかります。いわゆる、親と子をつなぐ心のパイプが、ほとんど詰《つ》まりかかっている状況《じょうきょう》です。

しかし、完全に詰《つ》まっているかというと、そうではありません。まだかろうじてつながっている部分があります。それはどこかというと、子どもが、時々帰ってくる、そして、ご飯を食べていく、あるいは洗濯物《せんたくもの》を出していく、ということです。

これは、親に対する一つの甘《あま》えです。要するに、まだどこかで親を当てにしている部分がある、ということです。

親から言うと、こちらの言うことはちっとも聞かずに、都合のいいときばかり頼《たよ》ってくる、と考えがちですが、コミュニケーションが、ここまで危機的状況《ききてきじょうきょう》になってくると、むしろ、ここではこの甘《あま》えこそ、大切にする必要があります。

甘《あま》えこそ、パイプ詰《づ》まりを打開する、鍵《かぎ》なのです。

子どもが、外泊《がいはく》を繰《く》り返《かえ》し、ここまで反抗的《はんこうてき》になるには、きっとそれだけの理由があったのだと思います。この家の中に自分の居場所はない、家にいると息が詰《つ》まる、という思いが必ずあったはずです。

それは、例えば、

親がけんかばかり繰《く》り返《かえ》しているとか、

否定するようなことばかり言われてきたとか、

父親がしょっちゅう殴《なぐ》ってくるとか、

母親がいつもイライラしていて口うるさいとか、

いい子を求められてとてもがまんしてきたとか、いろんな理由があるのですが、とにかく家に居場所がないのです。だから、外泊《がいはく》を繰《く》り返《かえ》すのです。

しかし、たまに家に帰ってくる、ということは、自分の部屋《へや》があり、自分の持ち物があることがいちばんの理由ですが、どこかに、子どもなりの不安があって、ちょっと、家に帰ってほっとしたい、とか、親に頼《たよ》りたい、という気持ちがあるのです。友達の家に泊《と》まっていても、しょせんは他人の家ですから、気も遣《つか》いますし、落ち着きません。本当は、自分の家で落ち着きたいのです。

ところが、そう思って帰ってきたときに、「いいかげんにしろ！　勝手なことばかりして！　もう二度と帰ってくるな」と言われると、本当は、どんなことがあっても親は自分のことを最後まで見ていてくれると思っていたのに、突《つ》き放《はな》された気になります。

そうすると、口では、「わかったよ。こっちこそ、おまえらのウザイ顔見ないで、せいせいすらあ！」と言いますが、**心はとても悲しい気持ちになります。そして、捨《す》て鉢《ばち》になります。**

帰ってこなくなるばかりか、確実に、非行に拍車《はくしゃ》がかかります。

「親にすら見捨てられた自分に、生きている価値はない」「だれもわかってくれないし、もう自分はどうなってもいい」と思い、自分をとことん堕落《だらく》させることで、自分を見捨てた親へ復讐《ふくしゅう》しようと思うからです。

ですから、ここまでパイプ詰《づ》まりが深刻なときには、「二度と帰ってくるな」ということは、絶対に言ってはならない言葉なのです。最後のつながりをたたき切る言葉になるからです。

×「二度と帰ってくるな」は禁句

ではどうするか、というと、この場合は、黙《だま》って、ご飯を食べさせる、そして、洗濯《せんたく》もするのです。親としては心配だと思いますが、本人が言いたくないことは、問いただしたりせず、あたりさわりのない会話だけにします。そして、家に帰ったら、ほっとできる、気を遣《つか》わずに安心できる、そういう場所にするのです。

◯「家に帰ってきたら、ほっとできる」という場所にする

あ、帰ったの？
ご飯食べるでしょ
今日はお魚がとっても安くてね
もぐもぐ
自転車パンクしてたでしょ。お父さん直してたよ
え……
あ……ありがとう

そうすると、子どもは、機嫌《きげん》のいいときは、自分から、少しずつ話をするようになってきます。それを、きちんと聞きます。すると、さらに、「実は、昨日、あいつのところに泊《と》まったんだけどさー」とか行き先を言うようになります。

それでも、まだ言っていないことはたくさんあります。
このように、
子どもの話を否定せずに聞いていくと、
最後には、
「今、実は、ちょっとヤバイやつとつきあっていて」
などと、本当に心配なこと、そして子ども自身も、これはまずいんじゃないか、と不安に思っていることを話してきます。

そのときに、まずしっかり話を聞いたうえで、

「あなたにとっては、大切な友達だとは思うけど、そういうことは、私は心配。それだけは、やめてほしい。私の知り合いで、こういうことがあったんだけど……」

と親としての意見をきちんと述べて、経験したこと、見聞きしたことを交えて、決してやってはならないこと、危険なことはやめてほしい、とはっきり伝えます。

無免許《むめんきょ》だからさー
捕《つか》まったら
やばいんだよね
えっ
そうなの!?
みんなはそれで楽しんでるのかもしれないけど、
お母さんはあなたの命がいちばん大切だわ
あんまり
危険なときは、
むちゃしないでね
まーねー
私も前から
やばいって言ってん
だけどね
聞いて
くれないいん
だよねー
お母さんの
知り合いでね……
んー

そうは言っても、たいてい、「ふーん」とか聞いているだけで、すぐにはやめませんが、しかし、少しは参考にするはずです。繰《く》り返《かえ》し伝えているうちに、子ども自身、自分なりに考えて、やめるようになってきます。どうしても抜《ぬ》けられない場合は、そのことを相談してくるようになります。

都合のいいときだけ頼《たよ》ってくる、と言いますが、子どもはつらいからこそ、最後は親に頼《たよ》ってくるのです。

断絶しかけたコミュニケーションを回復するには、そのように頼《たよ》ってくる、わずかな甘《あま》えを、大切に大切に育てていくのが、ポイントです。

Q10

子どもが、また家出をするのではないかと心配です

子どもが、家出をしました。まったく連絡《れんらく》が取れず、捜索願《そうさくねがい》まで出しましたが、幸い、2日後に、自分で帰ってきました。しかし、その後、まったく口をきこうとしません。また、家出をするのではないか、と心配です。どう対応すればいいでしょうか。

家出に至るには、いろいろないきさつがあったと思いますし、その事情を、しっかり聞くことができれば、ある程度、解決することはできると思います。しかし、こういうときは、たいてい何を聞いても答えませんし、子ども自身も、どうして家出したのか、あまり言葉にできないことが多いです。

では、どう対応すればいいのでしょうか。

まず、子どもが、家出をして帰ってきたら、お父さんは、家で、子どもと顔を合わせたとき、一言、「心配したぞ」とだけ言う。それ以上、どこへ行ってきたのか、だれと一緒《いっしょ》にいたのか、いちいち問いただしたりしない。

そして、お母さんには、その晩、腕《うで》によりをかけて、ごちそうを作ってもらう。子どもも大きくなると、お母さんが手作りのごちそうを作っても、あまり喜ばないのですが、このときの、一切、子どもを責めることなく、ただ心を込《こ》めて作ってくれたごちそうは、もしかすると、子どもの心に伝わるかもしれません。

そして、子どもの気持ちが落ち着いたら、翌日にでも、家出した理由を尋《たず》ねてみます。
子どもは、「別に」とか言って、なかなか言おうとしないかもしれません。

でも、子どもが家出をする理由は、決まっています。
それは、「こんな家に、いたくない」
という気持ちです。
どうしていたくないのか、それは、
親御《おやご》さんも、もしかするとどこかで
わかっているのではないでしょうか。

子どもの居心地《いごこち》が悪い家は、たいてい、
親自身も居心地《いごこち》が悪い家だからです。

子どもが、「こんな家、出てしまいたい」
と思うときは、親も、どこかで
「こんな家、帰りたくない」と
思っているのかもしれません。

そこで、「どうして、このくらい、がまんできないの！　親だって、こんなにがまんしているのに！」と言うのでなく、「考えてみたら、あなたが家出したくなる理由、わかる気がするわ。私だって、時々、逃《に》げ出《だ》したくなるもん」と言ってみたらどうでしょう。

そうすると、子どもは、ぽつりぽつり、今までがまんしてきたこと、嫌《いや》だったことを、少しずつ話しだすかもしれません。

×

どうして
これぐらいのこと
がまんできない
のよ！
いつもいつも
親を困らせる
ようなこと
ばっかりして!!
ねち ねち ねち ねち
あんたって本当に
しょーがない子ねっ
こっちだって
精いっぱい
やってるん
だからね!!
これ以上
勝手なこと
ばかりしない
でよー!!
ぐあー
子どもの
心は
離《はな》れて
いきます
はぁ はぁ
ぜい ぜい
ぷいっ

子どもの居心地《いごこち》が悪い家は、みんなも何か、ギクシャク、ピリピリしている、息が詰《つ》まる家なのです。

子どもの家出をきっかけに、お互《たが》いの気持ちを話し合い、そこから、本当に、みんながほっとできる、温かな家に変えていくことができるかもしれません。

家出や非行の対応で、いちばん大切なこと

もちろん、悪いことを悪いと知らせることは大切ですが、それは、子どももたいていは知っています。

知っていて、それでもやる子に、どう言えばいいのでしょうか。

実は、非行に走る子の心の底には、二つの心が必ずある、と思っています。それは、怒り《いか》りと、自己評価の低さです。

非行に走る子の心の底に必ずある、2つの心

怒《いか》りは、周りの人から攻撃《こうげき》を受けた、
被害体験《ひがいたいけん》が元になっています。
親からの虐待《ぎゃくたい》や、暴力、体罰《たいばつ》、否定、放任。
兄や姉からの暴力。
学校の先生からの否定や体罰《たいばつ》。
友達のいじめ。
そういうことをされると、人間は当然、
腹が立ちます。それが怒《いか》りです。
しかし、子どもは怒《いか》りだけでは、まだ非行に走りません。
怒《いか》りをバネにして、がんばる、ということもあります。
あるいは非行に走っても、
それほどエスカレートせずに、いずれ戻《もど》ってきます。

怒《いか》りに、自己評価の低さが加わったとき、
子どもは、非行にどんどん深入りします。

要するに、「自分がそういうことをされるのは、
自分に価値がないからなんだ」
「自分はいらない人間なんだ」
「人間のクズ」「どうせ自分なんか……」、
そう思ったとき、人間は、捨《す》て鉢《ばち》になり、
世の中のルールに反逆を試《こころ》みます。
　自分をおとしめることで、
自分に対して暴力を働いた人に、復讐《ふくしゅう》を試《こころ》みます。

　現実には、こんなことをしても
復讐《ふくしゅう》にはならないし、
たとえなったとしても、そんなことのために、
自分の人生がどうなってもいい、というのは、
決して賛成できません。
　しかし、本人の気持ちは、こうなのです。

自分に価値はないんだ……
人間のクズなんだ……
どうせ自分なんか……
自己評価の低さ

ですから、逆に言えば、この二つの気持ち、**「怒り《いか》」と「自己評価の低さ」を解消すれば、子どもは立ち直るきっかけを得る、**といえます。

怒り《いか》に対しては、いちばん有効なのは、本人に被害《ひがい》を与《あた》えた人自身の直接の謝罪です。

自己評価の低さに対しては、
家族が、あなたは大切な人だよ、
必要な人なんだよ、
ということを、いかに言動で伝えていくか、
ということです。

一生懸命《いっしょうけんめい》、ごちそうを作って食べさせる、という方法は、「あなたは、どんなことをやろうとも、やっぱり、大切な家族だよ。この家には、必要な人間なんだよ」ということを伝える、大きなメッセージになります。

それが伝われば、子どもも自然と、「こんな自分でも、見放さないで大切にしてくれる家族を、裏切ってはいけない」と思うようになります。

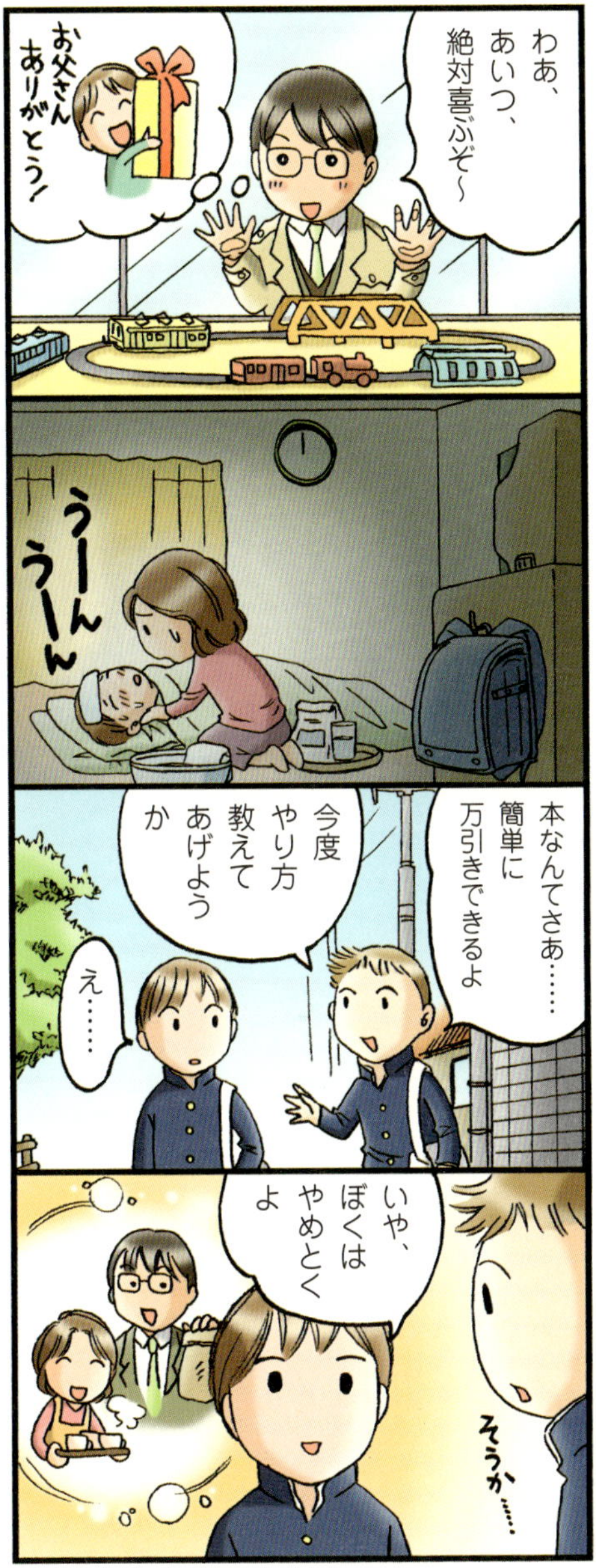

子どもを非行や犯罪から最後に守るのは、ルールやしつけではなく、親から大切にしてもらったことから、自然と出てくる、「この親を裏切れない」という心です。

〈イラスト〉

太田　知子（おおた　ともこ）

昭和50年、東京都生まれ。
イラスト、マンガを仕事とする。

子どもが３歳ともなると、たいへんさよりも、楽しさが増えてきます。
親ってなかなか幸せだな〜♪と思いつつ、これからもがんばります！

〈著者略歴〉

明橋　大二（あけはし　だいじ）

昭和34年、大阪府生まれ。
精神科医。
京都大学　医学部卒業。

国立京都病院内科、
名古屋大学医学部附属病院精神科、
愛知県立城山病院をへて、
真生会富山病院心療内科部長。

児童相談所嘱託医、
小学校スクールカウンセラー、
NPO法人子どもの権利支援センターぱれっと副理事長。
著書『なぜ生きる』（共著）
『輝ける子』
『思春期に がんばってる子』
『翼ひろげる子』
『この子はこの子でいいんだ。私は私でいいんだ』
『子育てハッピーアドバイス』など。

10代からの子育てハッピーアドバイス

平成19年（2007）３月13日　第１刷発行
平成19年（2007）３月22日　第31刷発行

著　者　明橋　大二
イラスト　太田　知子

発行所　１万年堂出版
〒101-0052　東京都千代田区神田小川町2-4-5F
電話　03-3518-2126
FAX　03-3518-2127
http://www.10000nen.com/

印刷所　凸版印刷株式会社

ISBN978-4-925253-27-7　C0037

子育てハッピーアドバイス

スクールカウンセラー・医者
明橋大二 著

イラスト＊太田知子

Q&A形式の実践編
年齢別のしつけの仕方

◉定価880円（5%税込）四六判
160ページ　4-925253-22-0

輝ける子に育てるには
初めての育児に安心を

◉定価980円（5%税込）四六判
192ページ　4-925253-21-2

（主な内容）

＊**「赤ちゃんに抱きぐせをつけてはいけない」**と、言う人がありますが、**これは間違っています**（第1弾）

＊**『三つ子の魂百まで』**の本当の意味とは？（第2弾）

＊**「言えば言うほど、逆効果」**になってしまう。どうすれば、**しつけや勉強が自然に身につく**子どもに育てられるのか？（第2弾）

＊**反抗は自立のサイン。**イタズラは、**自発性が育ってきた証拠**（第3弾）

＊**叱っていい子と、いけない子**がいる（第1弾）

大好評の

著者の明橋先生

自立心を養い
キレない子に育てるには

◉定価880円（5%税込）四六判
160ページ　4-925253-23-9

✻10歳までは徹底的に甘えさせる。
そうすることで、
子どもはいい子に育つ（第1弾）

✻「甘やかす」と「甘えさせる」は、
どう違うのか（第1弾）

✻祖母に過保護にされたせいで、
わがままな子になったと、
本当に言えるのか？（第2弾）

✻「かんしゃく」「人見知り」
「ひとりっ子」「母子家庭」は、
子どもの成長に問題があるのか？（第3弾）

✻「子育てに自信がない」のが
ふつうなのです（第3弾）

✻お母さんが働くことは、
子どもにとって、
プラス？　マイナス？（第1弾）

ハッピー仲間へ、ようこそ。